Crítica Genética
e Psicanáli

CB018579

Coleção Estudos
Dirigida por J. Guinsburg

Equipe de realização – Edição de texto: Iracema A. de Oliveira; Revisão de provas: Marcio Honorio de Godoy; Sobrecapa: Sergio Kon; Produção: Ricardo Neves e Raquel Fernandes Abranches.

Philippe Willemart

CRÍTICA GENÉTICA E PSICANÁLISE

Dados Internacionais de Catalogação na Publicação (CIP)
(Câmara Brasileira do Livro, SP, Brasil)

Willemart, Philippe, 1940-
Crítica genética e psicanálise / Philippe Willemart. — São Paulo : Perspectiva ; Brasília, DF : CAPES, 2005. — (Estudos ; 214 / dirigida por J. Guinsburg)

Bibliografia.
ISBN 85-273-0726-X

1. Criação (Literária, artística etc.) 2. Crítica 3. Crítica de arte 4. Crítica de texto 5. Genética 6. Psicanálise e literatura I. Guinsburg, J. II. Título. III. Série.

05-4719 CDD-809.93355

Índices para catálogo sistemático:
1. Literatura e psicanálise 809.93355

Direitos reservados à
EDITORA PERSPECTIVA S.A.
Av. Brigadeiro Luís Antônio, 3025
01401-000 – São Paulo – SP – Brasil
Telefax: (0--11) 3885-8388
www.editoraperspectiva.com.br
2005

Sumário

Prefácio

UM PENSAMENTO DE FRONTEIRA

Venho acompanhando há alguns anos e com grande interesse a trajetória intelectual de Philippe Willemart; e, embora tenha apresentado duas de suas obras centradas na crítica genética, confesso que a variedade e a ousadia de seus ensaios, aqui reunidos, ainda me surpreendem.

Em *Universo da Criação Literária,* o autor trabalhou como faria um cartógrafo, desenhando os caminhos do seu mundo para ordená-los em um mapa inteligível. Era uma tarefa de reconhecimento do terreno, no caso, o campo ainda não inteiramente arado da crítica genética, uma disciplina que vinha se constituindo desde os anos de 1970.

Nos *Bastidores da Criação Literária,* o cartógrafo cedia lugar ao detetive das instâncias inconscientes do texto e ao leitor interessado nas teorias do caos que têm abalado as certezas dos velhos determinismos. Desvendar o que pulsava no coração da escrita de Flaubert e especular em torno das variantes, rasuras e interpolações de um manuscrito, tendo-se já abeberado nas fontes lacanianas: eis algumas das direções dessa obra possuída pela inquietude da descoberta.

Mas a paixão que ambos os livros tinham em comum – a decifração da escritura – retorna potenciada nesta coletânea que reúne o exame imanente dos textos, e a sua interpretação à luz da psicanálise e de várias correntes inovadoras do pensamento contemporâneo.

A fonte longamente sorvida é agora a escrita de Marcel Proust. Mina inesgotável dos estudiosos de ficção e de psicologia, *A la recherche du temps perdu* atrai o olhar de nosso detetive que, no afã de penetrá-la e desentranhar os seus tesouros, aplica todo o seu engenho e arte.

Não me deterei nas aproximações teóricas que são a matéria dos capítulos iniciais. Basta dizer que o deslocamento do olhar do pesquisador "do produto acabado para o processo" continua a ser a tônica do crítico genético, e é a partir desse eixo que Willemart estabelece as relações da nova disciplina com as correntes atuais da crítica literária (ver especialmente o tópico: "A Crítica Genética Mudou a História da Literatura?").

Vamos ao leitor de Proust. A hipótese inicial de Philippe é a existência de um percurso que começaria nos textos críticos de *Contre Sainte-Beuve,* passaria pelo romance de Jean Santeuil e chegaria à *Recherche,* "unidade" final que o escritor buscava, mas que ignorava ao longo do processo, o que é outro modo de dizer que o processo era, em boa parte, inconsciente. Deverá então vigorar uma lógica subjacente que, no dizer de Willemart, explicaria as relações entre os fólios que estão um em face do outro, mas que, aparentemente, não têm relação nenhuma entre si. Um tema feito expressamente para desafiar a argúcia de um geneticista literário.

A análise miúda dos fólios encontra-se entre as páginas 35 e 56 desta edição. Não me parece apenas um *tour de force* de engenhosidade. A descrição desemboca em uma interpretação calçada na idéia de sistemas instáveis que se movem no interior de sistemas estáveis abrangentes. A geometria final se estabilizou depois de atravessar pequenas deformações que geraram efeitos não programados no início do processo da escrita. Aplicada à obra capital de Proust, a hipótese é a da vigência de fragmentos ou sub-regiões de sentido, com tons e perspectivas peculiares que, avançando e relacionando-se em um processo inconsciente, mas lógico, acabaram integrando-se. Daí nos vem o sentimento de uma obra estável, isto é, um conjunto emanado de um eu autoral, cuja unidade a crítica genética sempre contestou. Não por acaso, o editor dos cadernos proustianos da Coleção Pléiade, certamente alheio à nova disciplina, rotulou de "compósita" aquela série de fragmentos aparentemente avulsos.

Aos leitores leigos, que talvez estranhem alguns dos caminhos traçados pelo crítico genético, Philippe Willemart dá generosamente as indicações precisas das teorias que o inspiraram: "as teorias cognitivas, a filosofia de Husserl, a teoria das catástrofes inventada por René Thom, o caos determinista, as estruturas dissipativas de Prigogine e a morfodinâmica estruturada por Jean Petitot". Faltando-me competência para entrar no mérito dessas propostas originais, que a comunidade científica ainda discute acaloradamente, arrisco, porém, uma hipótese cautamente aproximativa: há em todas a ambição de substituir paradigmas tradicionais por modos abertos de pensar a natureza, a vida, a sociedade, o ser humano. A crise dos determinismos é um dos componentes da cultura pós-moderna, que prefere o múltiplo ao uno, o diferente ao repetitivo, o mutável ao estático, o descontínuo ao contínuo, a desconstrução à construção e, no limite, o caos à ordem. A nova epistemologia atraiu a crítica genética que desde o seu surgimento desonerou-se dos causalismos fechados, sejam estes sociológicos ou psicológicos. Como é sabido, a idéia de causa pesou tradicionalmente sobre a noção de gênese.

A obra de Philippe Willemart tem a força de um convite lastreado por anos de estudo e paixão: praticar a crítica genética e aventurar-se em campos do conhecimento que o estudioso de Letras em geral não percorre. Em outras palavras, atravessar aquelas fronteiras entre as Artes, a Literatura, as Ciências Humanas e as Ciências Exatas e Biológicas, onde, segundo a palavra de um cientista da linguagem, Roman Jakobson, podem surgir conceitos verdadeiramente originais e promissores.

Alfredo Bosi

Introdução

Uma certa tradição já une a literatura e a psicanálise resumida excelentemente no livro de Bellemin-Noël, *Psicanálise e Literatura*, publicado na editora Cultrix em 1983. O que se sabe menos, é que o mesmo crítico inaugurou também uma abordagem psicanalítica dos *manuscritos* dos escritores numa obra coletiva intitulada *Essais de critique génétique,* em 1979. Era analisar de maneira diferente o "atelier" da escritura, objeto de pesquisa declarado do Institut des Textes et Manuscrits Modernes du Centre National de la Recherche Scientifique (Item-CNRS). Em 1983, Bellemin-Noël coordena um número especial de *Littérature* sobre o inconsciente no prototexto e, em 1995, o Item publica um número sobre o assunto na sua revista *Genesis*. Numerosos pesquisadores, flaubertianos, joycianos, valéryanos, proustianos, prosseguiram, na França e no Brasil, com esses estudos,o que reforça o interesse dessa abordagem e deste livro.

Resultado de pesquisas que tinham como alvo construir uma teoria dos prototextos, numa perspectiva psicanalítica, este livro dá continuidade à reflexão desenvolvida em *Bastidores da Criação Literária,* na sua primeira parte, e em *Além da Psicanálise, a Literatura e as Artes* na segunda parte. Neste sentido, o livro se apresenta como uma contribuição ao movimento iniciado por Bellemin-Noël em 1979.

Os primeiros seis capítulos são dedicados ao manuscrito e à crítica genética. O primeiro capítulo pergunta em que a crítica genética mudou a história literária, o segundo se questiona sobre a marginalidade da crítica genética, os terceiro e quarto aproximam as teses da morfodinâmica dos *Cahiers* proustianos, o quinto ilustra as incidências da psicanálise na crítica genética e o sexto reelabora uma teoria da constituição da escritura literária.

A segunda parte debate várias questões que inquietam a prática psicanalítica: os conceitos de psicose, de autismo, de escritura de caso, de sublimação, de representação do "eu", da crítica de arte, da incerteza e da escuta dos sonhos.

Enfim, um último capítulo reúne psicanálise e crítica genética na análise da construção não de um livro, mas do Centro Histórico de São Paulo que se lê como um manuscrito e se pergunta como transformar o Centro em obra de arte.

Destinado fundamentalmente a universitários e a pesquisadores em ciências humanas, este livro interessará especialmente aos críticos literários, aos psicanalistas e aos cognitivistas preocupados com o conhecimento dos mecanismos do pensamento, visíveis na escritura se fazendo.

Quero agradecer aos membros do Laboratório do Manuscrito Literário da Universidade de São Paulo, participantes destas páginas não somente pelas sugestões, mas, sobretudo, pelo lugar que ocupam neste discurso para o Outro que define esta escritura. Meus agradecimentos especiais para Almuth Grésillon, ao mesmo tempo embaixatriz de nosso laboratório e representante do Item perto das instâncias acadêmicas.

Parte I:
Crítica Genética

1. Crítica Genética e História Literária

A TRANSFORMAÇÃO DO CONCEITO DE CRÍTICA GENÉTICA

A primeira síntese reflexiva do Instituto de Textos e Manuscritos Modernos (Item-CNRS) foi elaborada quando publicaram *Essais de Critique Génétique* no Seuil, em 1979, data que coincidiu com a doação, por Louis Aragon, de seus manuscritos ao Instituto. Na época e até recentemente, achavam que a crítica genética devia estudar estritamente o manuscrito e os processos de criação. Hoje, a crítica genética ampliou seu campo nos dois extremos, o do começo e o do fim. A montante, a crítica genética abrange desde o universo mental do escritor e do artista até as marginálias dos livros lidos, sua correspondência passiva e ativa, os livros consultados e os estudos de exogênese em geral; em aval, a crítica genética estuda o acabamento por outros da obra inacabada (a obra de Marcel Proust terminada por Roberto, seu irmão), as encenações diversas de uma peça de teatro ou as apresentações de uma mesma partitura musical, as "edições" sucessivas de um texto ou de um quadro pelo autor[1].

Esse trecho da conferência de Almuth Grésillon define o universo sem fim da criação artística e a confirmação da posição exata, mas até então ignorada, da Associação dos Pesquisadores do Manuscrito Literário (APML) que desde o início, em 1985, reúne arquivistas, filólogos, editores de textos, críticos literários, das artes e das mídias, geneticistas no sentido "antigo" da palavra. Por isso, deveria ser proposta uma mudança do nome da APML em Associação dos Pesquisadores em Crítica Genética: APCG. A ampliação do conceito

1. A. Grésillon, *Frontières et horizons de la critique génétique*, Conferência na Universidade de São Paulo em novembro de 2000.

permite reler a teoria literária e a história da literatura de uma outra forma e de situá-las novamente. Neste capítulo, vou me limitar ao campo da literatura sabendo, no entanto, o vasto elenco de estudos genéticos desenvolvidos na PUC de São Paulo sob a coordenação de Cecília Almeida Salles.

Será que assistimos ao "nascimento de um nova ciência devido a uma mudança de hierarquia entre as ciências"[2] ou mais simplesmente à criação de laços novos com "a realidade"?[3]

A crítica genética "deslocou o olhar" do pesquisador do produto acabado, para o processo que inclui esse produto considerado como uma das versões. O deslocamento, a abertura do campo de visão criou, certamente, novos laços com a produção artística e com os campos do saber que circulam ao redor do manuscrito e do texto: a filologia, a codicologia, a leitura ótica, a constituição do papel e da tinta, a teoria literária, a história literária, a lingüística, a estilística etc., relações essas que não posso detalhar agora, mas que foram por mim comentadas em vários textos. Não é somente um deslocamento, que implica ficar na mesma superfície, mas, antes, um distanciamento por cima, que exige, como dizia o narrador proustiano, "um telescópio para distinguir coisas efetivamente muito pequenas, mas porque situadas a longas distâncias, cada uma num mundo"[4].

Efetivamente, a crítica genética descobre outros mundos, insuspeitos para o crítico do texto. Um só exemplo: a maneira de escrever de Proust, em cadernos aparentemente sem ordem, oposta à de Flaubert toda programada. Quem podia imaginar que um texto tão comprido e ordenado como *Em Busca do Tempo Perdido* pudesse sair de 75 Cadernos de rascunhos cheios de paperoles reunidos como um vestido remendado, segundo a própria comparação do autor, como o mostra a Figura 1 (pag. 5).

Uma das conseqüências desse deslocamento é a maior inteligibilidade que temos do texto e do ato de criação. O que parecia misterioso e atribuído pelos românticos a uma musa, é mais visível e mais claro; ainda há obscuridades, já que o manuscrito é o efeito de um trabalho mental desconhecido, mas, percorrendo a correspondência, os manuscritos, as edições diversas de uma mesma obra, os esboços das produções artísticas e científicas, percebemos caminhos indicando, por exemplo, que a mente dos escritores segue regras comuns aos cientistas. Neste nível, o isolamento existente entre as ciências exatas e as ciências humanas diminui.

2. I. Stengers, "A propos de l'histoire humaine de la nature. Prigogine(1917-)", em *Un siècle d'espoir. Temps et devenir* (Cerisy-1983), p. 14.

3. Idem, " Sciences et pouvoirs ", em *La démocratie face à la technoscience*, p.54.

4. M. Proust, *O Tempo Redescoberto*, trad. Lúcia Miguel Pereira, p.286.

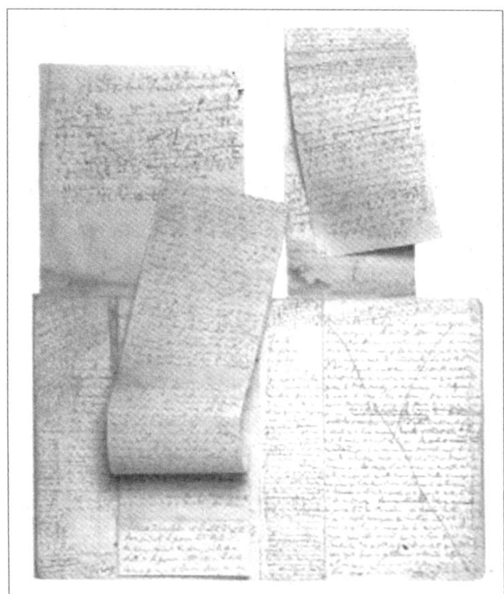

Figura 1: Paperoles inseridos nos cardenos-rascunhos de Proust.

Em 1976, os matemáticos descobrem "sistemas estruturalmente estáveis a movimentos complicados dos quais cada um é exponencialmente instáveis em si"[5], o que possibilita a convivência de sistemas instáveis num sistema global estável. Não é uma boa definição do conjunto formado pelos Cadernos proustianos e a obra editada?

O fólio 20 do *Cahier 28* figurado abaixo (figura 2) com seus três inícios diferentes de escritura é um verdadeiro modelo de instabilidade da narrativa bastante presente nos *Cahiers*. Apesar da desordem da maioria dos 75 *Cahiers*, que refletem uma instabilidade notável, existe uma ordem, isto é, uma estabilidade no sistema global, comprovada pelo texto publicado, que possibilita a convivência de sistemas instáveis num sistema global estável. Esta constatação reforça os estudos de crítica genética no sentido novo da palavra e nos proíbe separar a correspondência, as marginálias, os manuscritos, o texto impresso e as edições sucessivas. Todos esses elementos fazem parte de um mesmo sistema e um se refere ao outro. A crítica genética percorre todos eles. Os especialistas escolhem uma parte do percurso, mas não podem perder de vista o conjunto. Proust, por exemplo, sempre defendeu a estabilidade de sua obra apesar das críticas iniciais de Gide. Isto é, sabendo ou não, Proust não seguia, mas constatava uma geometria da sua obra que se desenhava desde a publicação de seu primeiro livro.

5. J. Petitot, *Physique du sens*, p .9.

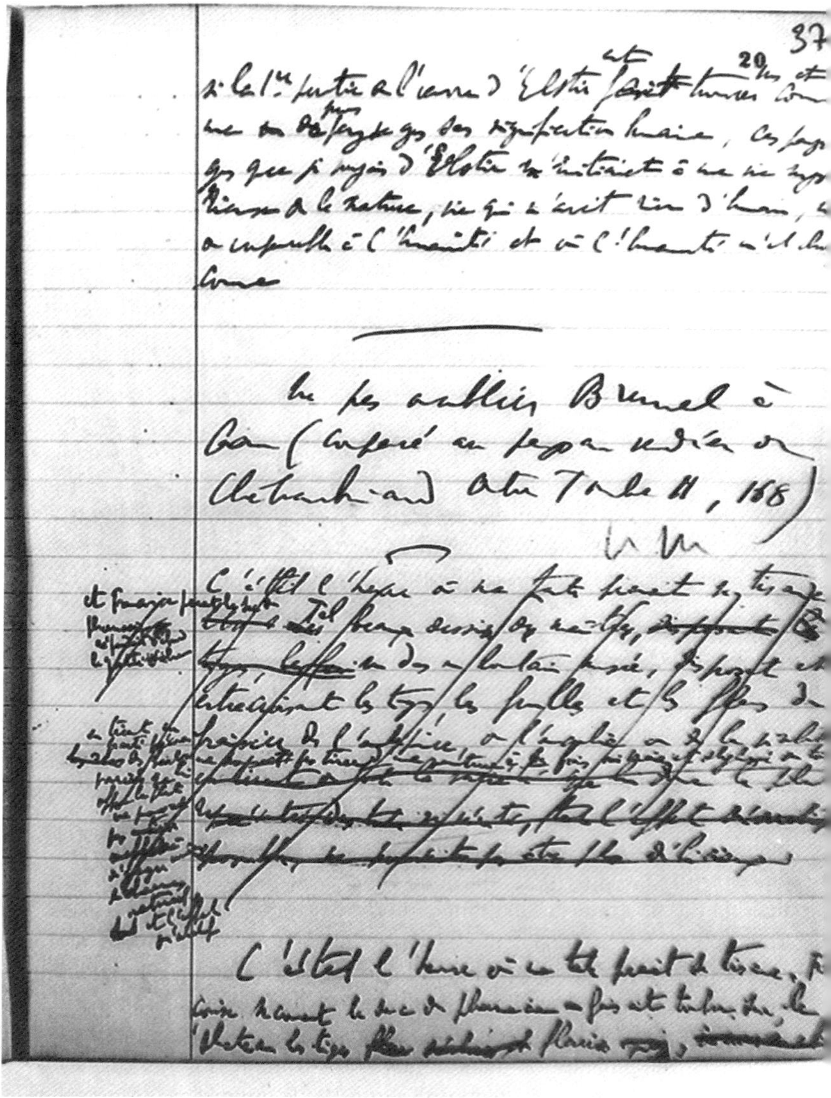

Figura 2: Fólio 20 do Caderno 28 de Proust.

Transpondo as palavras de Jacques Rancière[6], diria que da mesma maneira que Freud deu um sentido ou uma racionalidade a fenômenos considerados até então anormais, estranhos e não científicos – como o sonho, o lapso, a arte e a literatura – a crítica genética pretende encontrar uma racionalidade profunda desde os mecanismos do pensamento até os rascunhos, as múltiplas correções e as reedições.

Nesse sentido, a crítica genética faz parte deste vasto movimento que "no contexto do romantismo (Schelling, Schlegel e Hegel) e do idealismo post-kantiano define a estética como o pensamento da arte, ou melhor, que faz do conhecimento confuso – que é a arte – não mais um conhecimento menor, mas um pensamento que não pensa"[7]. Essa definição da arte não é valiosa?

Admitindo ao mesmo tempo a fragmentação do texto ou a falta de unidade nos rascunhos e sua contextualização histórica, o geneticista se vê confrontado com uma verdade que se constrói, porque não existe de antemão. Vários conceitos tradicionais já tinham sido abalados nos anos de 1960: o mito do autor – dono de seu texto – confundido com o escritor; a noção do livro imutável com Foucault em *A Arqueologia do Saber*[8] e Barthes em *O Rumor da Palavra*; o conceito de "signifiance" explorado por Kristeva[9] e de "enonciação" por Benveniste[10], que tinham distinguido a significação do sentido e o enunciado de quem fala ou escreve.

6. Jacques Rancière, *L'inconscient esthétique*, p.48

7. Idem, ibidem, p. 13 e 14.

8. "A problemática do arquivo permite a não redução do discurso a uma topografia de textos múltiplos: o discurso nunca é um dado, ele surge levado pelo rumor de práticas obscuras que o configuram e o fazem circular segundo trajetórias que formam um todo com seus múltiplos modos de existência ". Dominique Maingueneau, Université d'Amiens (France) "Archéologie et analyse du discours", Comunicação em mesa redonda sobre Foucault em 23 de julho de 1998 na 6ª Conferência Internacional de Pragmática (Reims).

9. "Designamos por *significância* esse *trabalho* de diferenciação, estratificação e confronto que se pratica na língua e que deposita sobre a linha do sujeito falante, uma cadeia significante comunicativa e gramaticalmente estruturada". J. Kristeva, *Introdução à Semanálise*.

10. "A enunciação é a colocação em funcionamento da língua por um ato individual de utilização". Émile Benveniste, *Problèmes de linguistique générale II*, p.80. "A instância da enunciação é por esse fato, uma verdadeira *praxis*, um lugar de vai-e-vem entre estruturas convocáveis e estruturas integráveis, instância que concilia dialeticamente a geração – através da convocação dos universais semióticos – e a gênese – através da integração dos produtos da história. As configurações passionais, para nos restringirmos a um caso, estão, portanto, situadas no cruzamento entre todas essas instâncias, posto que requerem, para se manifestarem, certas condições e pré-condições específicas de ordem epistemológica, certas operações particulares da enunciação e, finalmente, 'esquemas' culturais que se apresentam já integrados como primitivos, ou em vias de integração a um socioleto ou idioleto". A. J. Greimas & J. Fontanille, *Sémiotique des passions. (Des états de choses aux états d'âmes)*, p. 12. "É o anjo que, desde sempre, reflete a imagem do que resulta de um sujeito quando dele só se retém a dimensão da enunciação pura". J.-C. Milner, *L'Amour de la langue*, p.8.

O estudo do manuscrito reforça a idéia que se aplica a qualquer livro, quer à Bíblia, quer ao Alcorão, quer aos textos de Lei. A verdade não está ligada ao conteúdo como acreditam os ditos fundamentalistas, mas ao sujeito que lê, articula os pedaços e interpreta. O leitor percebe a ligação dessa posição com a descoberta freudiana, que valoriza a singularidade de cada sujeito e questiona as soluções coletivas contrárias ao desejo de cada um.

Já que está mais claro, agora, o conceito de crítica genética, e onde se insere o estudo do manuscrito, podemos nos perguntar, primeiro, em quais circunstâncias surgiu a crítica genética e, em segundo lugar, será que a crítica genética mudou a história da literatura.

O NASCIMENTO DA CRÍTICA GENÉTICA

Três fatores contribuíram para esse nascimento: os escritores-autores, os críticos e os arquivistas e o contexto político. Três países favoreceram sua eclosão de maneira desigual: a Alemanha, a França e o Brasil.

Na Alemanha, Novalis, Goethe e Schlegel queriam "penetrar nos segredos da elaboração dos gêneros ou reconstituir o porvir e a composição das obras"[11]. O questionamento dos escritores antecedeu, portanto, a constituição dos departamentos de manuscritos ou dos museus da literatura, o que parece esquecer muitos bibliotecários e conservadores que até hoje continuam mantendo os pesquisadores bem longe dos arquivos que eles consideram como tesouros intocáveis.

Um pouco mais tarde,

> o romantismo, exaltando a tradição nacional, valoriza os documentos da literatura alemã [...] e, na segunda metade do século XIX, a Alemanha já tem mais de cem coleções importantes – quatro vezes mais do que a França na mesma época [...] o manuscrito moderno tornou-se então um monumento nacional[12].

O romântico alemão Schlegel não dizia outra coisa, em 1804, em outros termos: "a história da literatura européia é a resposta alemã à unificação violenta da Europa por Napoleão"[13].

Portanto, delineamos três etapas que se sucedem na história do manuscrito: um desejo dos escritores de entrar no ateliê da escritura, a constituição de acervos e a interpretação dos autores e dos críticos dando uma dimensão sociopolítica aos acervos e à história literária.

11. L. Hay, "La critique génétique: origines et perspectives", em *Essais de critique génétique*, p. 22.

12. Idem, ibidem, p. 22. Ver também a situação na Alemanha com Gleim e Goethe em Bernhild Boie, "L'écrivain et ses manuscrits", em L. Hay (dir.), *Les manuscrits des écrivains*, p. 39.

13. B. Witte, "La naissance de l'histoire littéraire dans l'esprit de la révolution. (Le discours esthétique chez Schlegel, Hegel, Gervinus et Rosenkranz)", em M. Espagne & M. Werner (dir.), *Philologique I*, p. 7.

Infelizmente, como diz Louis Hay, os acervos foram entregues aos filólogos, detentores, na época, de uma nova ciência que procurava o texto original e preocupava-se pouco com essa parte essencial da crítica genética – o estudo dos processos de criação. Isto é, a crítica genética, no seu conjunto, não entrou na história da literatura no século XIX, e os estudos dos arquivistas, dos filólogos e dos editores críticos, dos restauradores, dos codicólogos etc. foram considerados ciências auxiliares da literatura. Embora Baudelaire, Poe, Mallarmé, Eliot e Valéry[14] tivessem continuado a reflexão sobre a arte da composição, a crítica universitária, talvez por comportar poucos escritores, não se incomodava com o prototexto.

A França precisou esperar a equipe de germanistas, coordenada por Louis Hay, em 1968, para a criação do Centro de Análise dos Manuscritos, em 1974 e transformado em Instituto dos Textos e Manuscritos Modernos (Institut des Textes et Manuscrits Modernes) do CNRS, em 1982, para verificar-se uma mudança efetiva de foco entre os críticos. A revista *Genesis* é seu suporte escrito, e as equipes de pesquisadores do CNRS e das universidades, o sustento efetivo com seminários regulares e suas publicações.

No Brasil, os escritores tinham esse desejo de entrar no ateliê da escritura como os românticos alemães. Segundo o leitor e editor da correspondência de Mário de Andrade e Manuel Bandeira, Marcos Antonio de Moraes,

> Mário de Andrade tinha consciência de que as cartas são documentos capazes de construir caminhos da criação. Elas tratavam de literatura com Bandeira, de música com Guarnieri, Mignone etc. São sempre discussões técnicas sobre o métier do artista[15].

Guimarães Rosa analisava sua maneira de escrever com seus tradutores por cartas, enquanto Érico Veríssimo o fazia além das cartas, em entrevistas para jornais e revistas e metaficcionalmente, em suas obras – relata Maria da Glória Bordini. Por outro lado, sabemos que mesmo discutindo seus processos de criação, a maioria dos escritores brasileiros não guardava seus manuscritos pelos quais tinham pouco interesse contrariamente ao valor atribuído à correspondência.

Havia uma preocupação política nos escritores brasileiros? Antonio Candido, estudando Joaquim Norberto (1841-1891) e outros autores, já escrevia em 1965 que "eles concebiam a literatura como processo retilíneo de abrasileiramento, por descoberta da realidade da terra ou recuperação de uma posição idealmente pré-portuguesa, quando não

14. Paul Valéry, "L'oeuvre d'esprit n'existe qu'en acte", em *Oeuvres Complètes*. Leçon inaugurale du Cours de poétique, tomo I, p. 1439.

15. M. A. de Moraes, *Carta a Philippe Willemart*, 18 de fevereiro de 2001.

antiportuguesa"[16]. A mesma idéia é defendida e ressaltada no Projeto *Fontes da Literatura Brasileira,* desenvolvido na PUCRS[17].

O acervo dos escritores de Porto-Alegre, o Instituto de Estudos Brasileiros (IEB) de São Paulo, a Biblioteca Nacional do Rio, a Fundação da Casa Rui Barbosa, os acervos literários de Belo Horizonte etc. tinham esse intuito de preservar a memória nacional quando foram fundadas, mas nenhuma instituição teve um olhar genético. Em outras palavras, os arquivistas ao constituir as bibliotecas, aceitar as doações ou comprar os manuscritos, não tinham noção de crítica genética até sua entrada oficial no Brasil em 1985, no Iº Congresso da APML em São Paulo.

Hoje, a crítica genética tem um público cativo de leitores constituído basicamente por estudantes de pós-graduação, professores de letras e artistas. Foram defendidas mais de cincoenta teses e dissertações em crítica genética em universidades federais, estaduais e particulares desde a PUC de Porto Alegre, até João Pessoa, Belém e Manaus passando por quase todas as grandes capitais. A revista *Manuscrítica* prepara seu décimo-quarto número. A AMPL prepara seu oitavo Encontro Internacional em São Paulo, em 2005, e o Núcleo de Apoio à Pesquisa em Crítica Genética (NAPCG) da Universidade de São Paulo lançou em 2002 *Criação em Processo. Ensaios de Crítica Genética* que reúne colaborações de pesquisadores franceses e brasileiros.

A CRÍTICA GENÉTICA MUDOU A HISTÓRIA DA LITERATURA

Antes de ver as conseqüências da introdução da crítica genética na história literária, temos que nos entender ainda sobre o conceito de "história literária", segundo parâmetros que vou tentar definir.

A história literária não elenca apenas uma série de datas, de fatos e de acontecimentos que seguem a cronologia dos séculos; não se contenta, também, com a história dos movimentos definidos como clássico, romântico ou realista. O exemplo do escritor Victor Hugo que atravessou o século XIX, testemunha suficientemente a fragilidade dos movimentos, limitados em geral a grupos menores e a épocas restritas.

Definirei a história como a conjunção de três vertentes.

A primeira é a noção de percepção. Por que os críticos literários de hoje que somos, integramos a crítica genética? O que mudou no

16. A. Candido, *Literatura e Sociedade*, pp. 107-108. Mas temos que ressaltar que "Com essa busca de identidade nacional, crava-se uma pressão em favor da documentalidade, da literatura de testemunho, que terminava para empanar e comprometer a possibilidade de entendimento da literatura como forma discursiva", Luiz Costa Lima, *Sociedade e Discurso Ficcional*, p. 231.

17. "Joaquim Norberto defende argumentos a favor da autonomia literária do Brasil e escreve a história da literatura para provar a existência do patrimônio artístico de sua nação". Maria Eunice Moreira, " Os Historiadores do Romantismo no Banco de Textos do Projeto Fontes da Literatura Brasileira", em *Cadernos do Centro de Pesquisas Literárias da PUC RS*, p. 67.

nosso funcionamento mental que favoreceu essa percepção? Por que houve uma aceitação da crítica genética, mesmo mínima, da parte do público como constatamos?[18]

A segunda retoma a noção de "champ" ou de "campo", de Bourdieu, emprestada dos físicos, que falam de campo magnético, por exemplo. Diríamos que a história comporta diversas forças na mesma época que constituem o campo de ação dos autores e dos críticos. Se podemos datar um interesse mais explícito para os processos de criação no final do século XVIII, é somente na metade do século XX que esse novo foco de poder e de irradiação surge de uma maneira mais sistemática. Trata-se de entender, portanto, por que hoje nossa percepção da história não pode prescindir da crítica genética e por que a crítica genética hoje nos parece natural no contexto da história. Trata-se, assim, de determinar as condições históricas que permitiram sua eclosão[19].

Verei, portanto, a história sincronicamente, o que é curioso já que a noção de tempo integra por si o conceito. Mas recupero a flecha do tempo quando vejo a história como um feixe de forças que se entrelaçam dependendo não de datas, mas de afinidades compartilhadas, o que permite unir o desejo dos autores do século XVIII, da equipe de germanistas dirigida por Louis Hay e dos fundadores da APML.

Nesta perspectiva, não afirmaria que a crítica genética nasceu nos anos de 1970, na França e nos anos de 1980, no Brasil, mas que a percepção dos críticos dos anos de 1970 e 1980 convergiu com a de Schlegel e Novalis para que emergisse a crítica genética que conhecemos. Diria que a crítica genética surgiu como foco, foi percebida ou revelada nessas décadas.

A terceira vertente toma emprestado uma noção psicanalítica essencial, a noção de "só depois" redescoberta pelos geneticistas. Tinha levantado essa problemática em *Universo da Criação Literária* aproximando os campos da psicanálise e do manuscrito[20]. Daniel Ferrer pontuou também essa contribuição da crítica genética na *Genesis* um pouco mais tarde:

> O batismo que fixa a referência não é inicial, mas retrospectivo. A obra funciona como "mostrador" rígido de sua gênese [...] não é a gênese que fixa o texto, mas o texto que determina a gênese [...] Cada variante, por mínima que seja, reescreve uma história que conduz até ela – inscreve-se *como* história e *numa* história que ela constitui ao mesmo tempo[21].

18. "Qualquer acontecimento, seja ele uma guerra, um pensamento, um escrito, a memória, uma rocha partida, um fóssil são indícios que só se perfazem com o trabalho mental e devem, portanto, se submenter a 'analyse et décision explicites', isto é, 'relier directement l´observation à l´opération de la pensée'". R. Zular, *No Limite do País Fértil. Os Escritos de Paul Valéry entre 1894 e 1896*, p. 15.

19. P. Bourdieu, *Les règles de l'art*, p. 428s.

20. P. Willemart, *Universo da Criação Literária*, p. 93.

21. "As obras, freqüentemente, nascem de uma anotação anonima [...] ou aparecem ao longo de uma obra da qual parece, em um primeiro momento, fazer parte. A identifica-

A nova história literária não partirá mais das origens para o presente, mas lerá o passado à luz do presente. Traduzindo, os novos historiadores deverão reler o percurso da literatura, a partir do conjunto novo das obras que inclui os manuscritos, a correspondência etc.

Portanto, o que mudou na história literária é nossa percepção da história. A existência, a descoberta e a conservação dos manuscritos de Heine, Aragon, Flaubert, Mário de Andrade, Érico Veríssimo, Guimarães Rosa, Milton Hatoum etc., aliada ao estruturalismo, ao advento das noções de texto, de prototexto (Bellemin, 1972) e de enunciação[22], foram fatores determinantes. Os manuscritos estavam lá há décadas guardados nas Bibliotecas ou nos Institutos, mas um artigo, um livro, um evento desencadeou o processo genético como um fósforo aceso em florestas secas. Ou para falar em termos morfodinâmicos, manifestou-se uma "bifurcação de conflito"[23] entre a crítica genética e a história literária tradicional que ignorava o manuscrito. Na França, o estopim foi uma equipe de germanistas que queriam ler os manuscritos de Heine, no Brasil, foi um flaubertiano que ministrava uma disciplina na pós-graduação a partir do manuscrito.

Essa percepção acarreta várias conseqüências para o historiador da literatura, mas deveríamos, antes, nos entender também sobre o conceito de literatura. A biblioteca digital, na qual o escritor se dissolve no anonimato da rede internet com o sumiço do *copyright*[24], faz pensar que talvez possamos falar da história das "escrituras". O nome do escritor seria apenas um referente indicando a época da composição, mas não a autoria[25]. O estudo do manuscrito aponta um sujeito desaparecendo, ou que se esvazia, para deixar lugar a um estilo[26]. Genette já escrevia que essa "idéia de história anônima lembra, por meio de Valéry, Auguste Comte senão Hegel sem esquecer a

ção só intervém mais tarde, enquanto uma parte essencial da gênese já aconteceu [...] o batizado que fixa a referência não é inicial, mas retrospectivo. A obra funciona como 'designador rígido' de sua gênese [...] nesse sentido não é a gênese que fixa o texto, mas é o texto que determina sua gênese [...] a teleologia não é uma artefato crítico, mas é inerente aos mecanismos genéticos, (mas) teleologia plural [...] Cada variante por mais mínima que seja, reescreve uma história que conduz até ela – inscreve-se *como* história e *em* uma história que acaba por constituir [...]daí a aporia: a impossiblidade de distinguir o que é antecipação dinâmica do estágio seguinte e o que é reinterpretação a partir do estágio seguinte. [...] o prototexto é o resultado de um duplo recorte : um que o exclui na constituição do texto e outro que o constitui ao excluir o que não se deixa classificar sob sua lei[...] daí seu duplo... objeto do desejo", em D. Ferrer, " La Toque de Clementis ", *Genesis*.

22. J.-L. Lebrave, "La critique génétique: une discipline nouvelle ou un avatar moderne de la philologie?", *Genesis*, p. 34.

23. J.Petitot, *Physique du sens*, p.12.

24. S. L. Prado Bellei, "A Biblioteca Virtual, a Utopia Digital e o Leitor Tropical, UFSC", em *Anais do 5º Encontro Nacional de Acervos Literários Brasileiros*, p. 133.

25. R. Zilberman, *Autoria e Condições Materiais de Produção do Texto Literário*, p.138.

26. Ver o capítulo "Como se Constitui a Escritura Literária?".

Ecole des Annales, despreocupada dos indivíduos e dos incidentes conjunturais, defendida e ilustrada por Fernand Braudel"[27]. Entre a história das literaturas ou a história das escrituras, o debate fica aberto, mas o anonimato ou o sumiço dos escritores a despeito da escritura e do espírito, como diria Valéry[28], parece confirmado.

Cito algumas conseqüências decorrentes dos conceitos de história e de crítica genética elaborados acima:

1. O historiador aceita "o inacabado que não se apresenta mais como um simples acidente no fabricar da obra, mas como a condição mesmo do poder escrever"[29]. Ele considera o movimento do documento e a dúvida como signo da vida do documento e não mais como falha, erro ou resto descartável, como afirmava a filologia[30].

2. Nenhuma obra será completa já que sempre se pode encontrar uma carta, um inédito num colecionador que desfará a unidade da obra. Embora falo aqui do conjunto da obra de um autor, a problemática existe para qualquer poema, qualquer romance e *a fortiori* para qualquer peça teatral. O texto do dramaturgo, exemplo extremo da incompletude de uma obra, é apenas um ponto de partida em cada encenação. As diferentes edições das obras de Shakespeare, por exemplo, "refletem a mobilidade de um texto revisto sem parar pelo autor ou pelos atores a cada representação"[31].

Portanto, o conceito de "texto" muda na sua dimensão e na sua fixidez. O texto de um autor inclui texto publicado, notas, rascunhos, correspondência etc., além de ser profundamente instável.

3. Graças aos esforços da filologia contemporânea, a história da literatura começa a passar da história das idéias e dos sentimentos para uma história dos textos que compõem a literatura. Assim, as grandes edições críticas de Beifner (1949) e de Sattler nos iniciaram a uma nova leitura das odes e hinos de Hölderlin, leitura que em lugar de restituir o texto de um poema (*Ürtext*), tende a traçar este "único movimento contínuo da articulação poética"[32].

"A nova filologia", como a chama Karl Maurer, utilizará a crítica textual para restituir os textos das diferentes versões, na esteira de

27. G. Genette, *Figures IV*, p.13.

28. "Uma história aprofundada da Literatura deveria ser entendida, não tanto como uma história dos autores e dos acidentes de sua carreira ou de suas obras, mas como uma história do espírito enquanto produz ou consome 'literatura', e esta história poderia mesmo ser feita sem que o nome de um escritor fosse pronunciado". P. Valéry, "L'oeuvre d'esprit n'existe qu'en acte", em *Oeuvres Complètes*, T.1, p.1439.

29. B. Boie, " L'écrivain et ses manuscrits ", em L. Hay (org.), *Les manuscrits des écrivains*, p.52.

30. Idem, ibidem, p.39.

31. B.Cerquiglini, *Eloge de la variante*, p .63.

32. K. Maurer, "Les philologues", em L. Hay (dir.), *Les manuscrits des écrivains*, p. 82.

Marlene Gomes Mendes da Universidade Federal Fluminense, com os textos de Clarisse Lispector. O conceito de Cerquiglini, a "variance", visto como construção de um sentido numa seqüência de escritura, dirigirá os trabalhos[33].

4. "Os manuscritos literários carregam em si a história do processo de criação"[34]. Além de mostrar os esboços e as diferentes versões, signos da vida do texto, o historiador poderá levar em conta essa potencialidade, e escrever a história dos processos de criação utilizados pelos autores. Será um outro corte no tempo. Neste sentido, Guimarães Rosa será uma referência e uma fronteira na literatura brasileira da mesma maneira que o OuLiPo (Ouvroir de Littérature Potentielle) de Roubaux, Perec e outros na literatura francesa. O primeiro sistematizou a criação de palavras novas e os segundos se impuseram regras ou "contraintes" antes de iniciar a escritura.

5. "A crítica genética procede à eliminação do sujeito-escritor e os manuscritos mostram o sujeito se fazendo"[35], axioma que explicitarei no capítulo 5. São palavras fortes de Biasi, já que nunca podemos eliminar o escritor de sua escritura, mas que querem salientar o distanciamento já indicado por muitos entre quem se engaja na escritura e o autor que assina a última versão.

6. Já que os campos da pesquisa são correlatados, a história literária não pode escapar de sua época, que valorizou o movimento, o inacabado, o fazer, o processo, a relação instabilidade – estabilidade[36]. O historiador literário verá no manuscrito a via que lhe permitirá identificar uma nova visão estética do homem e o meio para inserir-se de uma maneira mais adequada na história do mundo[37].

7. No seu excelente livro, *La critique littéraire au XXeme siècle*, Michel Jarrety fala ainda de coabitação e não vê a integração da crítica genética à história literária:

> Ao lado da mais jovem genética continua convivendo uma história literária renovada, a hermenêutica oriunda da Nova Crítica e as pesquisas abertamente teóricas, mas as fronteiras se fazem mais permeáveis [...] uma vez revoluto o gosto de aparelhos teóricos pesados, cada um se dispõe a considerar simplesmente que deve haver métodos" [38].

33. " A variância é a constituição de um sentido, de uma seqüência de escrita". B. Cerquiglini, op. cit., p. 111.

34. M. I. de Lima e Silva, *Cadernos do Centro de Pesquisas Literárias da PUC-RS*, p. 72.

35. P.-M. de Biasi, *História do Papel*.

36. "A história não é somente pensada fundamentalmente como uma história da formação estética, mas ela é igualmente construída na sua estrutura segundo o parâmetro da obra de arte simbólica que aparece ao mesmo tempo que a Revolução Francesa". B. Witte, "La naissance de l'histoire littéraire", em op. cit., p.70.

37. Idem, ibidem, p.71.

38. M. Jarrety, *La critique littéraire au XXe siècle*, p. 124.

8. "A escritura opera sempre com um capital cultural (gêneros, formas, ideologia, modos de comunicação) que a gênese permite acompanhar literalmente por pegadas, *à la trace*"[39]. Isto é, os manuscritos mostram, por exemplo, como nasce o estilo de tal autor, a partir de uma maneira de escrever comum aos escritores de tal época. Como a Vênus emergindo das águas de Boticelli, o geneticista vê surgir a originalidade da escritura. Em *Salammbô* de Flaubert, por exemplo, detectamos como ele incorpora informações de leituras através da comparação[40].

A CRÍTICA GENÉTICA MUDOU A RELAÇÃO ENTRE O PESQUISADOR E OS ARQUIVOS?

Dependendo do país e de sua literatura, os editores, percebendo a mudança de orientação na pesquisa e no interesse dos leitores, tentam publicar a última versão de um romance ou de um conto com as versões anteriores. É o caso da literatura francesa, na qual os editores incluem cada vez mais transcrições de manuscritos. As edições Garnier e Gallimard da coleção *Pléiade* têm sempre utilizado os "dossiers préparatoires" na obra de Zola[41]. *A la Recherche du Temps Perdu* de Proust saiu desde 1989 na Pléiade com numerosos esboços dos 75 *Cahiers*. Bonaccorso publicou a integralidade dos manuscritos dos três contos de Flaubert. As equipes de Balzac, Zola, Flaubert, Proust, Perec etc., do Item, ou de outras instituições, editam cada vez mais manuscritos. Se não estiver satisfeito com as transcrições impressas, o pesquisador sempre pode solicitar a cópia do manuscrito em microfilme no Departamento de Manuscritos da Biblioteca da França. E, se não for suficiente, ainda, o pesquisador pode, enfim, consultar os originais se o regulamento da instituição o permitir, o que nem sempre é garantido.

No Brasil, algumas publicações seguem o mesmo rumo como a coleção *Archivos*[42], as edições da equipe Mário de Andrade do IEB e os *Cadernos do Centro de Pesquisas Literárias da PUCRS* de Porto Alegre. O *Arquivo Literário Érico Veríssimo* (Alev) inovou produzindo um Cd-rom contendo documentos sobre a vida e a obra do autor. Claudia Amigo Pino e Maria da Luz Pinheiro Cristo editaram, em Cd-rom, os manuscritos, respectivamente, de *53 jours* de Geor-

39. L. Hay, "Les aveux de la main à la plume", *Entretien avec L. Hay. Le Monde.*

40. P. Willemart, *Bastidores da Criação Literária*, p. 19.

41. C. Becker, "A Crítica Genética", em *II Encontro de Edição Crítica e Crítica Genética*, p.128.

42. A coleção *Archivos* iniciada em 1984, organizada por Amos Segala do CNRS e financiada pela Unesco, já publicou cincoenta edições críticas de obras de autores da América Latina e do Caribe que na sua maioria levam em conta os manuscritos.

ges Perec e do *Relato de Um Certo Oriente* de Milton Hatoum, o que facilita muito as consultas das obras manuscritas.

Mesmo com as restrições impostas pelos regulamentos, posso afirmar que em São Paulo os acervos estão sendo mais consultados do que antes, já que alunos de iniciação científica, mestrandos, doutorandos e professores escolhem manuscritos de determinados autores como objeto de pesquisa.

Globalmente, podemos afirmar que há mais consultas aos arquivos, já que eles foram ou vão aos poucos na rua sob as formas que enumerei, e estão presentes nas bibliotecas particulares e públicas, nas mesas e nos computadores dos pesquisadores.

Concluindo e resumindo, diria que:

1. Hoje, a crítica genética ampliou seu campo nos dois extremos, o dos começos e o do fim e que nessa nova acepção do termo, os bibliotecários dos acervos, os editores críticos, os cognitivistas, os pesquisadores dos processos de criação, os teóricos da criação etc., fazendo parte do vasto campo da gênese das artes, trabalham em crítica genética.

2. A definição da história como a conjunção de três vertentes, – uma percepção original, a noção de campo e uma leitura "só depois" – permite afirmar que a percepção dos críticos dos anos de 1970 na França e nos anos de 1980 no Brasil convergiu com a de Schlegel e Novalis do século XIX para que emergisse a crítica genética que conhecemos.

3. A crítica genética trouxe, para a história da literatura, a desconfiança do texto acabado e das obras completas, salientou a importância da história dos textos, minimizou a instância do escritor, deu uma maior inteligibilidade ao texto e ao ato de criação, inserindo, assim, a história literária numa visão estética do homem atual, visão que insiste no fragmento, no inacabado e na singularidade.

2. Crítica Genética e Marginalidade

Tiers de la forme, le brouillage et le bruit, tout parasite, interviennent sans cesse pour amener les premiers dialogues à l'aporie

MICHEL SERRES[1]

A crítica genética, no sentido restrito da palavra, é profundamente marginal por três razões: a primeira, sociológica, leva-nos a constatar que, até o presente, houve dificuldade para a crítica genética de se impor como disciplina ou como campo de estudo em crítica literária; a segunda razão, que se refere ao seu objeto, explica sem dúvida a primeira: a crítica genética se debruça sobre os rascunhos, os manuscritos, restos em suma, freqüentemente pouco acessíveis e desprezados pela crítica tradicional, o que é preciso salientar; e enfim, a última razão, que nos permite brincar com as palavras e localizar melhor ainda seu objeto, pois, literalmente, a crítica genética trabalha sobre e leva em conta as margens e não necessariamente o conteúdo central do fólio.

Retomarei as três razões, uma a uma.

1. A interpretação dos textos literários é fruto de um diálogo constante entre o texto e o crítico, que toma como ponto de apoio um dos aspectos da teoria literária, seja a sociocrítica, a psicanálise, a história, a narratologia, a lingüística, a temática ou a poética.

Tudo parece claro aos dois interlocutores até que um estudioso do manuscrito descobre um inédito paralelo à obra estudada. O ras-

1. M. Serres, *L'origine de la géométrie*, p. 162. "Terceiros da forma, o zunzum e o barulho, todo parasita intervém sem cessar para levar os primeiros diálogos à aporia" (Trad. do autor).

cunho atravessa e embaraça o diálogo e a empreitada do crítico duplica. Se o geneticista vem em seguida com rascunhos desta mesma obra e pretende, assim, alargar o domínio estudado, ele não será visto necessariamente como um inimigo pelo editor, mas, pelo menos, como um intruso a ser descartado ou marginalizado. Em outras palavras, o crítico literário trabalha com um texto limpo e claro, enquanto o geneticista cava/escava no sujo e no escuro. A forma, bem desenhada para o crítico tradicional, faz-se muito imprecisa para o geneticista. E, de fato, se compararmos um livro publicado com os manuscritos de qualquer escritor, não nos surpreenderemos com a ruptura que existe entre os dois documentos e compreenderemos a oposição natural entre o caos e a ordem das páginas de um livro.

O geneticista argumentará certamente, que a verdade da obra e sua interpretação, objetivo do crítico, exigem o conhecimento não somente da última etapa de uma obra, mas do conjunto do trabalho do escritor ou do artista, incluindo todo o percurso deste.

Isto quer dizer que a marginalidade, com todas as suas dificuldades, faz parte da obra e não pode ser excluída, ainda que assim o diga a crítica tradicional. Contestar a interpretação de grandes críticos, que não puderam ou não quiseram consultar manuscritos da obra publicada, tornou-se atitude corrente entre os geneticistas.

Gérard Genette[2], por exemplo, após Roland Barthes[3], e restringindo-se ao texto, emitiu a hipótese de uma audição colorida quando o herói Marcel de *A la Recherche du Temps Perdu*, enumera as cidades e os vilarejos atravessados pelo trem de uma hora e vinte e dois minutos. O "an" de Coutance significaria o amarelo, o "yeu" de Bayeux, o ouro etc.

Ora, Claudine Quémar, estudando os *Cahiers 29 e 32*, demonstrou que:

> a produtividade semântica do Nome é essencialmente ligada a seus componentes materiais e não a uma vaga tonalidade psicológica na qual ela seria impregnada e que esta lista é fundamentalmente um fenômeno de atração lexical por homofonia ou por assonância[4].

Raymonde Genette mostra, em vários exemplos, como o crítico não pode se abster de manuscritos se ele quer ter certeza de sua interpretação. Ela retoma não apenas o artigo de Antoine Compagnon, que já tinha escrito "O que não se pode mais dizer de Proust"[5], mas sustenta que

> A crítica genética atinge pontos de não retorno para o texto [...] A história minuciosa do nascimento da personagem Albertine, por exemplo, não depende (ou não depende mais,

2. G. Genette, *Mimologiques*, p. 315 a 328.
3. R. Barthes, *Nouveaux essais de critique*, p. 121 a 133.
4. C. Quémar, "Rêverie(s)onomastique(s)proustiennes", em *Littérature*, p. 87.
5. A. Compagnon, *Littérature*, p. 54-61.

como se acreditava) da partida e da morte de Agostinelli (o *chauffeur* de Proust morto no início da guerra de 14-18 como aviador), seus efeitos sobre a estrutura da *Recherche* e não somente sobre *Albertine disparue*, acabam reoperando a obra por ablação em cadeia[6].

Portanto, é difícil separar os manuscritos do texto publicado e recusar a marginalidade, os contornos, os prototextos, se quisermos tornar o texto inteligível.

2. A crítica genética se debruça sobre os rascunhos, os manuscritos e os restos, freqüentemente pouco acessíveis e desprezados pela crítica tradicional. A maior parte dos manuscritos foram rejeitados pelos próprios autores que os consideravam como dejetos: Mário de Andrade, Guimarães Rosa ou Michel Butor queimavam ou jogavam no lixo seus manuscritos uma vez recopiados.

Por outro lado, exceto os membros do Item em Paris e os da APML no Brasil, que fazem dos manuscritos a base de suas pesquisas, poucos críticos literários têm acesso a esse tesouro. Refiro-me a um tesouro não somente no sentido econômico do termo, visto o preço dos manuscritos no mercado, mas, sobretudo, a um tesouro cultural, já que os manuscritos contribuem tanto quanto a língua para a memória de uma nação.

Como e por que, nós, críticos, damo-nos o direito de encontrar um outro sentido a esses restos rejeitados como marginais e pouco afáveis?

Não se trata mais aqui de uma questão de interpretação, como foi dito acima, mas de dar uma base científica aos nossos estudos. Se temos por objetivo estudar os processos de criação e o percurso do autor nesses documentos, se queremos saber como caminha o espírito humano e em seguida, como se chega a criar uma obra de arte, nada mais precioso que os rascunhos, que são a manifestação e o desenho do percurso da invenção. Os rascunhos, embora considerados habitualmente como marginais, são a matéria de nossas pesquisas e mesmo se, às vezes, parecem distantes de nossas teorizações, eles estão sempre no horizonte. Pois, na ausência de manuscritos, como falar da memória da escritura, diferenciar o prototexto do texto, ou falar de "idílios de lembranças de imaginação" que restarão dos manuscritos ou de textos que atravessarão as fronteiras do manuscrito"?[7] Como diferenciar as instâncias de escritura – o escritor, o *scriptor*, o autor –, como elaborar o conceito de primeiro texto, definir uma edição crítica ou genético-crítica, apreciar a lógica ou a lógica do conhecimento estético que subtende a escritura[8] etc.? Nesse sentido, os geneticistas sempre serão marginais.

6. R. Debray-Genette, "Hapax et paradigmes", *Genesis*, p.85.

7. G. I. da Silva, *Arte do Fragmento – Processos de Criação em um Cahier de* A la Recherche du Temps Perdu *de Marcel Proust*, p. 84 e 87 (dissertação inédita).

8. J. M. K. de Araújo Filho, *Para Ter Onde Ir – A Transformação da Imagem e o Movimento da Palavra na Poesia de Max Martins*.

3. A crítica genética trabalha sobre e leva em conta as margens do fólio. Pior ainda que trabalhar sobre os rascunhos é nos concentramos especialmente no estudo das margens dos rascunhos. Duplamente marginais somos! Muitos autores inventam nas margens esquerda, direita, superior e inferior e por extensão, entre as linhas das margens ou do corpo do fólio após as rasuras. O primeiro lugar da invenção é o corpo do fólio, mas o segundo é certamente as margens ou as entrelinhas.

O que está escondido sob a rasura, muito mais do que seu efeito – o texto visível – é freqüentemente o ponto de partida do *scriptor* e assinala um não-dito do texto publicado. Por isto, sustentamos que o texto publicado é a metonímia do manuscrito.

Considerar o texto publicado como uma parte do todo da escritura de um romance, de um conto ou de um poema, permite dizer que a arte exige um trabalho longo e penoso. Lembremos Flaubert e suas 2.500 páginas de fólios enegrecidos em média para a maior parte de suas grandes obras, ou Marcel Proust e seus 75 *Cahiers* rascunhados.

Entretanto, apesar de nossa afeição ao manuscrito e aos rascunhos, o ponto de partida será, para a maioria de nós, o texto publicado, da mesma forma que para os nossos colegas da crítica do texto publicado. Digo, a maioria, pois essa posição é minha e não de todos os geneticistas. Nesse sentido, não tomaremos o manuscrito ou as margens como ponto de partida e não seguiremos, necessariamente, o curso cronológico das campanhas da escritura, mas, ao contrário, e seguindo isso, a lógica freudiana do *a posteriori* (só depois), o texto não nos aparecerá somente como o fim de um processo, mas, sobretudo, para gerar o sentido último a tudo que o precede. Tudo o que descobrimos no estudo detalhado dos fólios, de suas margens e de suas entrelinhas, apenas terá seu sentido à luz do texto publicado. A margem é realmente nosso projeto de pesquisa, mas ela sempre será lida, iluminada pelo texto impresso.

Por essa razão, sustento que, como toda nova ciência, a crítica genética se almeja total porque engloba o parasita, – o paratexto e o prototexto –, além do texto publicado. Mais rica, conseqüentemente, que o campo literário habitual, ela deseja, assim, sair da marginalidade, não somente pela contribuição de um novo material, mas também pelas riquezas que ela suscita.

Cito algumas: a redefinição de elementos importantes da teoria literária como a metáfora, a metonímia ou as figuras de estilo em geral, que adquirem outros sentidos quando mergulhadas na terceira dimensão dos manuscritos; o discernimento das instâncias que intervêm na escritura como o escritor, o *scriptor*-operador e o autor; a melhor compreensão do ato de escrever como fruto de um jogo entre as três instâncias citadas acima e o tempo da criação; a singularidade da criação em cada artista etc. "Diógeno inventa o teorema fundamental do conhecimento, entenda por teorema o que permite ver; e o teorema diz: as coisas a ver, a conhecer, aquelas que fazem entender todas as outras: água, fogo [...] são desinteressantes"[9]. Da mesma maneira que o manuscrito é desinteressante, mas fundamental.

9. M. Serres, op. cit., p. 222.

3. Crítica Genética e Proust ou da Forma aos Processos de Criação

> [...] *uma hora não é apenas uma hora, é um vaso repleto de perfumes, de sons, de projetos e de climas. O que chamamos realidade é uma determinada relação entre sensações e lembranças a nos envolverem simultaneamente – relação única que o escritor precisa encontrar a fim de unir para sempre em sua frase os dois termos diferentes. Podem-se alinhar indefinidamente, numa narrativa, os objetos pertencentes ao sítio descrito, mas a verdade só surgirá quando o escritor tomar dois objetos diversos e estabelecer a relação entre eles, análoga no mundo da arte, à relação única entre causa e efeito no da ciência e os enfeixar nos indispensáveis anéis de um belo estilo*[1].

Os leitores dos manuscritos de Proust sabem como estes, bem diferentes dos dossiers de Flaubert, dão a impressão de pura desordem, no sentido em que os textos surgem no verso ou mesmo na própria página sem qualquer ligação evidente com o que está ao lado ou com o que o precede. Assim, os *Cahiers* parecem ter servido de depósito a alguém que queria "escrever sem fim" e que vai deixar para mais tarde a composição e a organização da *Recherche* na forma que conhecemos. Voltando a pensar na passagem que acabo de citar, me pergunto se não podemos comparar o conjunto dos *Cahiers* a esse "vaso repleto de perfumes, de sons, de projetos e de climas" e se a arte de Proust ou esses processos de criação não se originariam dessa concepção do tempo em que uma hora não é apenas uma hora, mas um recipiente de mil sensações entre as quais o escritor escolheu várias e estabeleceu entre elas uma relação.

Tomando como ponto de partida os textos críticos reunidos sob o nome de *Contre Sainte-Beuve* e um romance, *Jean Santeuil*, os *Cahiers* podem ser considerados inicialmente como um lugar de deformação, de desestabilização ou de degenerescência que, em seguida, se reconstituem, pouco a pouco, num conjunto mais ou menos estável que conhecemos sob o nome de *Em Busca do Tempo Perdido*.

1. M. Proust, *O Tempo Redescoberto: Em Busca do Tempo Perdido*, trad. Lúcia Miguel Pereira, p. 167.

No percurso do *Contre Sainte-Beuve* e do romance *Jean Santeuil* até o *Em Busca do Tempo Perdido*, passando pelos *Cahiers*, Proust buscava certamente uma identidade, "uma unidade ulterior", como o narrador afirma em *A Prisioneira*:

> unidade que se ignorava, portanto vital e não lógica, que não proscreveu a variedade nem ressecou a execução. Ela (mas aplicando-se desta vez ao conjunto), como determinado trecho composto à parte, nasceu de uma inspiração, não exigida pelo desenvolvimento artificial de uma tese, e que vem integrar-se ao resto [2].

Na busca em direção à coerência, a uma identidade ou a uma estabilidade, na procura "de uma unidade que se ignorava", que é insistir em seu aspecto inconsciente, Proust não escrevia de qualquer jeito, ou melhor, o *scriptor* proustiano deitava as palavras no papel com um desígnio preciso, embora com freqüência não sabido, mas não ao acaso, como uma primeira leitura poderia fazer pensar.

Portanto, deve ter uma lógica subjacente à escritura que explique as relações implícitas entre fólios que estão um de frente para o outro e que, à primeira vista, não têm relação nenhuma entre si. É justamente o que gostaria de mostrar em dois exemplos para, em seguida, poder extrair alguns elementos mais gerais que contribuirão, assim espero, para adicionar mais uma peça à elaboração de uma teoria genética empreendida já há anos.

Tomarei algumas passagens do início do *Cahier 28* (1909-1910), decifradas em parte por uma das primeiras geneticistas brasileiras, Lilian Ledon da Silva, transcrições completadas por Guilherme Ignácio da Silva do Laboratório do Manuscrito Literário.

A primeira passagem, muito significativa, faz parte de um conjunto intitulado "*Reprendre la visite à Elstir*", que compreende os fólios de 17 a 20 recto e o verso do fólio 16, todos transcritos no tomo II da "Plêiade" às páginas 974 e 975, porque eles têm relação com o título geral, contrariamente aos versos dos fólios 18 e 19, ausentes dessa mesma edição por não ter, aos olhos dos editores, uma ligação evidente com esse conjunto temático. Nos deteremos no fólio 19vº, pois não deixa transparecer, à primeira vista, nenhuma ligação com seu vizinho, o fólio 20rº.

O fólio 20, cuja imagem consta no primeiro capítulo, é curioso por comportar três partes separadas por um traço, o que acaba isolando cada uma delas.

Cinco linhas terminam o conjunto de reflexões sobre Elstir:

> [...] se a primeira parte da obra de Elstir eu teria feito nus e comuns de puras paisagens sem significado humano, essas paisagens que eu estava vendo Elstir me iniciavam a uma vida misteriosa da natureza, vida que não possuía nada de humano, nem de comparável à humanidade e na qual a humanidade teria me chocado como [...]

2. Idem, *A Prisioneira: Em Busca do Tempo Perdido*, vol. V, trad. Fernando Py, p. 143.

[...]si la 1re partie de l'oeuvre d'Elstir eût fait trouver nus et communs de purs paysages sans signification humaine, ces paysages que je voyais d'Elstir m'initiaient à une vie mystérieuse de la nature, vie qui n'avait rien d'humain, ni de comparable à l'humanité et où l'humanité m'eût choqué comme[...]

Três linhas sobre Brummel, este dândi londrino endividado e arruinado[3]:

Não esquecer de Brummel em
Caen (comparado com o camponês da Vendée de
Chateaubriand Além Túmulo II, 168)

Ne pas oublier Brummel à
Caen (comparé au paysan vendéen de
Chateaubriand Outre Tombe II, 168)

e, enfim, o espaço restante ocupado por uma tentativa rasurada tratando da tisana da tia, recomeçada no final da página:

Era o momento em que minha tia tomava seu chá[4].
e Françoise pegando o saquinho da
Tal
farmácia ~~{<>}~~ ~~{Os}~~ belo~~{x}~~ desenho~~{s}~~ de mestre~~{s}, {~~dispondo os
espalhava primeiro ~~{galhos, as folha}~~ em um museu distante, dispondo e
a quantidade necessária entrecruzando os galhos, as folhas e as flores do
morangueiro do espinheiro, da ancólia ou da violeta
não podia extrair uma pintura ao mesmo tempo tão verdadeira e estilizada
com todas[5]
~~extrai delas toda a variedade que lhe proporciona a planta~~
extraem delas uma representada em toda sua verdade, tal efeito decorativo
beleza preciosa ~~possível, não podia ser mais delicioso~~[6]
das belezas
variadas que lhe
oferece a planta
não podia
extrair
{um efeito}
extrair melhor
o ressecamento
natural
e o efeito
decorativo

3. Idem, *Sodome et Gomorrhe*, T. III, p. 1826.

4. Todo esse primeiro esboço foi inteiramente riscado por Proust. Algumas partes serão retomadas mais adiante nos próximos esboços.

5. Frase interlinear que complementa o texto.

6. Bernard Brun transcreve aquela linha em itálico, quatro linhas acima dessa como prosseguimento, partindo depois para o texto da margem esquerda a partir de "beautés variées que lui offre [...]". Dada a sobrecarga de palavras e de cortes desse primeiro rascunho, nos parece evidente que Brun acaba fazendo opções, encaixando melhor o texto e eliminando algumas coisas em favor de certa coerência textual. Cf. sua transcrição em *Cahiers Marcel Proust 12*, pp.260-261.

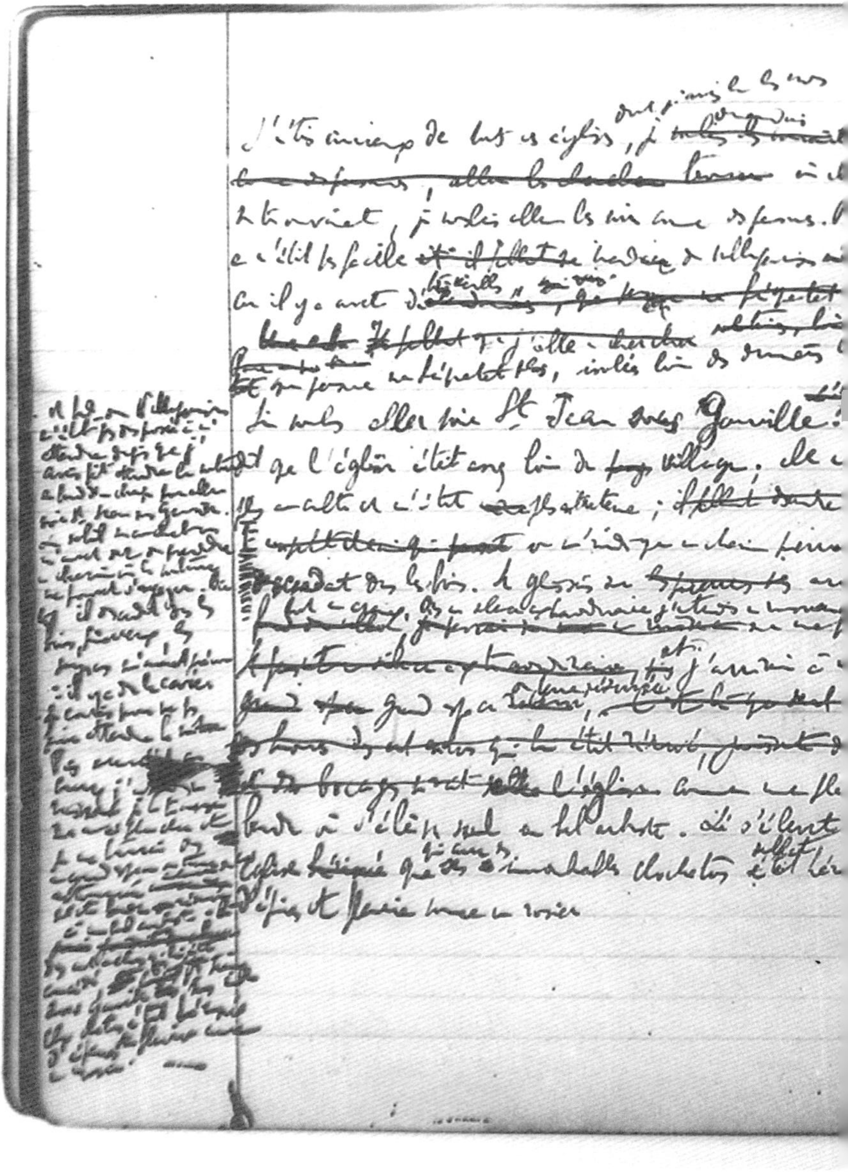

Figura 3: Caderno 28, de Proust. Fólios 19vº (nesta página) e 20 (pag. 27).

si la 1re partie de l'œuvre d'Elstir [illegible] 20 [illegible] et comme une série de paysages sans signification humaine, ces paysages que je voyais d'Elstir m'initiaient à une vie mystérieuse de la nature, vie qui n'avait rien d'humain, qui commençait où l'humanité [illegible] et où l'humanité n'a plus [illegible] Carmen

---

Ne pas oublier Brunel à Caen (comparé au paysan indien ou Chateaubriand Outre-Tombe II, 168)

[illegible]

~~C'était l'heure où une forte brise faisait ses tirades. Tel fleuve dessinés de ses méandres, [illegible] des lointains pensées, dispersant et entrelaçant les tiges, les feuilles et les fleurs de [illegible] de l'aubépine, [illegible] [illegible]~~

et [illegible] [illegible] [illegible] [illegible] [illegible]

C'était l'heure où un vent faisait de tirer, fronçant [illegible] le [illegible] de fleurs [illegible] fois [illegible] les tiges ~~[illegible]~~ fleuries ~~[illegible]~~, ~~[illegible]~~

{C'était l'heure où ma tante prenait sa tisane.
{et Françoise prenant le sac de
tel
pharmacie {<>} {Les} beau{x} dessin{s} de maître{s}, {disposant les}
répandait d'abord
la quantité voulue {tiges, les feuille} dans un lointain musée, disposant et entrecroisant les tiges, les feuilles et les fleurs du
en tirent une fraisier de l'aubépine, de l'ancolie ou de la violette
beauté précieuse
des beautés ne pouvait pas tirer une peinture à la fois si vraie et stylisée de toutes
variées que lui {en tirent de toute la variété que lui donne la plante}
offre la plante
ne pouvait {représentée dans toute sa vérité, tel effet décoratif}
pas en tirer
{un effet}
dégager mieux {possible, ne pouvait pas être plus délicieux_}
le dessèchement
naturel
et l'effet
décoratif}

C'était l'heure où ma tante prenait sa tisane; Fran
çoise secouant le sac de pharmacie faisait tomber sur le
plateau les tiges {fleu} {séchées et} fleuries {qui}, {incurvées et

As três partes do fólio 20 aludem ao mesmo assunto sob aparências bem diversas. A primeira parte evoca a vida misteriosa da natureza; a segunda, a ignorância dos habitantes de Caen quanto ao passado do dandy, assim como a da própria família do herói quanto às relações nobres de Swann; e a terceira, enfim, as folhas secas do chá que se assemelham ao quadro de um mestre.

Nos três casos, o narrador trata da diferença entre o visível e o invisível, entre o já sabido e o segredo, entre o aparecer e o ser, colocando a verdade no ser, posição aparentemente contrária à do matemático, René Thom.

O fólio que fica de frente para esse, o 19vº, nos relata a visita do herói à igreja abandonada de St Jean em Granville, visita que tem pouco a ver com a pintura, menos ainda com Elstir, e que desapareceu da *Recherche*, pelo menos sob essa forma.

19vº

cujos nomes havia lido
perguntava
Estava curioso por todas as igrejas, eu ~~{queria conhecê-las~~

~~como mulheres como, ir {procurá} encontrá-las}~~ onde é que elas

ficavam, queria ir vê-las como mulheres. Às vezes

não era fácil ~~e era preciso se~~ Madame de Villeparisis ficava me esperando

muito velhas
pois havia as que estavam ~~abandonadas, que ninguém mais freqüentava~~

~~{Uma outra} {Eu precisava ir procurar } {são muito longe de~~

~~tudo}~~ que ninguém mais freqüentava, isoladas longe dos lugares habituais.
~~*A igreja*~~
A sra de Villeparisis Eu queria ir ver St.Jean em Grandville. Disseram nos
não estava disposta a ficar me
esperando depois que eu que a igreja ficava muito longe do lugar vilarejo; ela não servia
tinha feito o carro esperar
em um campo para ir para o culto e nem mesmo era mais cuidada; ~~era preciso descer por~~
ver St. Jean em Grandville.
O sol se punha ~~uma trilha que passava~~ indicaram-me um caminho pedregoso que
disseram-me para pegar
uma trilha pela qual o carro pelo bosque. Fui escorregando pelas ~~pedras mais~~ tendo chegado ~~ao~~
não podia passar. bem no fundo, em uma harmonia silenciosa ouvi o córrego que passava
Em seguida ela descia por ~~fundo do vale, passei por todo um mundo em ruínas~~ sobre
uma pinguela
um bosque pedregoso, os *e*
camponeses tinham me prevenido ~~{Fazia um silêncio extraordinário } {depois}~~ cheguei em um
: fica na cavidade *de terra remexida*
Ia correndo para não Je espaço amplo espaço amplo ~~{remexida}, {É lá que}~~
deixar o carro me esperando
Depois, tendo chegado no ~~homens nesse local que lhes fôra reservado, gozando do silêncio~~
fundo ouvi
um córrego o atravessei ~~do bosque vivia só a igreja~~} como uma plati
sobre uma pinguela e
me encontrei em banda de onde se ergue um belo arbusto. Lá se erguia a
um espaço amplo de terra *parecia*
remexida ~~*cmo uma*~~ igreja ~~coberta~~ que com seus inúmeros sininhos estava coberta
platibanda de resumida
a um único arbusto. Là de espinhos e florida como uma roseira
~~*{goza} {gozando do silêncio}*~~
naquele local que lhe fôra
a igreja
concedido, St. [Caen] St. Jean
em Grandville com mil
sininhos estava coberta
de espinhos e florida como
uma roseira[7].

dont j'avais lu les noms
demandais
J'étais curieux de toutes ces églises, je {voulais les connaître
comme des femmes, aller les {chercher} trouver} où elles
se trouvaient, je voulais aller les voir comme des femmes. Parfois
ce n'était pas facile {et il fallait se} Madame de Villeparisis m'attendait
très vieilles
car il y avait de{'abandonnées, que personne ne fréquentait plus}

7. Esse texto da margem esquerda do fólio, em vez de um acréscimo, é um desenvolvimento do mesmo tema do texto do centro do fólio.

{Une autre} {Il fallait que j'aille chercher} {sont très loin de
tout} que personne ne fréquentait plus, isolées loin des [domaines] habituels.
Mme de Villeparisis Je voulais aller voir St.Jean dans Granville. {L'église}
On nous
n'était pas disposée à m'
attendre depuis que j' dit que l'église était assez loin du {pays} village; elle ne
servait
avais fait attendre la voiture
au bord d'un champ pour aller
plus au culte et n'était {même} plus entretenue; {il fallait
descendre
voir St. Jean dans Grandville.
Le soleil se couchait on
par un complet déclin qui passait} on m'indique un chemin pierreux
qui
m'avait dit de prendre
un chemin où la voiture descend dans les bois. Je glissais sur {les pierres plus}
arrivé au
ne pouvait s'engager. Bien *tout au creux, dans une silencieuse harmonie j'entendis un ruisseaux je le passai*

tôt il descendait dans les fond du vallon, je passai sur tout un monde en ruine} sur
une planche
bois, pierreux, les et
paysans m'avaient prévenu {Il faisait un silence extraordinaire} {puis} j'arrivais à
un
: il y a dans la cavée de terre redressée
Je courais pour ne pas {grand espace} grand espace {redressé}, {C'est là
que seule
faire attendre la voiture
Puis arrivant au des hommes dans cet enclos qui leur était réservé, jouissant
du silence
creux j'entendis
un ruisseau je le traversai et des bocages vivait seule l'église} comme une
plate
sur une planche et
je me trouvais dans bande où s'élève seul un bel arbuste. Là s'élevait l'
un grand espace de terre semblait
retournée {comme une} église {hérissée}qui avec ses innombrables clochettes
était hérissée
plate bande {on} résumée
à un seul arbuste. Là d'épines et fleurie comme un rosier
{joui} {jouissant du silence}
dans cet enclos qui lui était
l'église
concédé, St. [Caen] St. Jean
dans Granville aux mille
clochettes était hérissée
d'épines et fleurie comme
un rosier.

Poderíamos, a rigor, aproximar a visita ao fólio seguinte se colocássemos de um lado Mme de Villeparisis e o barulho do mundo, e do outro o herói e o "silêncio extraordinário" do recinto reservado à igreja, opondo uma realidade exterior àquilo que a sustenta: o silêncio ao seu redor. Mas não é este caminho que tomarei.

Buscando na obra alguma marca de Granville ou da igreja de St. Jean, eu não conseguia encontrar a cidade da Normandia, e sim uma igreja com nome semelhante, a igreja de Saint-Jean-de-la-Haise em *Sodoma e Gomorra*,

> que não é mais freqüentada por ninguém sendo muito mal conhecida, difícil de fazer-se indicar, impossível de descobrir sem guia e demorada de se atingir em seu isolamento, a mais de meia hora da estação de Epreville, depois de passadas há muito as últimas casas da aldeia de Quetteholme[8].

Trata-se do mesmo contexto, pois, não somente o quadro geográfico, mas também certas frases são muito parecidas: "naquela concavidade úmida", "O carro não podia nos levar até a igreja"[9] e algumas páginas depois, "Eu corria pela íngreme descida, cruzava o regato por uma tábua e encontrava [...] a igreja toda em torreões, espinhosa e rubra, florescente como um roseiral"[10] frases que encontraremos no texto ou na margem do fólio 19vº.

O quadro lingüístico e geográfico quase idêntico leva a ler o contexto em que o herói, e não mais Mme de Villeparisis do fólio 19vº, conduz Albertine a essa igreja perdida na floresta. Albertine quer pintar os anjos do tímpano e, eu cito, "imitando Elstir, dava grandes pinceladas, buscando obedecer ao nobre ritmo que tornava esses anjos, dissera-lhe o grande mestre, tão diferentes de todos os que conhecia"[11].

Vale notar, entretanto, que a transferência das informações do fólio 19vº para o texto publicado não é direta, mas passa por vários desvios que se encontram, com toda certeza, nos numerosos *Cahiers* que não pude consultar. Um desses desvios ao menos faz parte do segundo volume, *À Sombra das Raparigas em Flor*, e poderia ter servido de trampolim do texto de *Sodoma e Gomorra* em quatro ocasiões:

1. A mesma Mme de Villeparisis leva de carro o herói e sua avó para visitar a igreja de Carquehuit, "toda coberta de hera antiga"[12].

8. M. Proust, *Sodoma e Gomorra*, p.328.
9. Idem, ibidem, p. 329.
10. Idem, ibidem, p. 344.
11. Idem, ibidem.
12. "Vendo que eu gostava das igrejas, Mme de Villeparisis prometia-me que havíamos de visitá-las aos poucos; principalmente a de Carqueville, 'toda coberta de hera antiga', disse ela, fazendo com a mão um movimento que parecia envolver com prazer a fachada ausente em uma folhagem delicada e invisível". Idem, *Á Sombra das Moças em Flor: Em Busca do Tempo Perdido*, vol. II, p. 250.

2. A bela pescadora do fólio 10vº aparece depois da visita à igreja, mas como personagem e não mais em um quadro de Elstir[13].

3. Quatro linhas idênticas à passagem de *Sodoma e Gomorra* sobre as "Océanides" "ces oiseaux musiciens" da floresta de Chantepie, que antecedem a chegada do herói e de Albertine à igreja, estão presentes nas caminhadas do herói com Mme de Villeparisis, mas nos "bois de Chantereine et de Canteloup"[14].

4. Mme de Villeparisis *faisait des aquarelles de fleurs*[15]. Semas de pintura, de personagens e de atelier acompanham as caminhadas até as igrejas antigas, a despeito da mudança dos personagens que parecem, como a carta roubada de Edgar Allan Poe, transmitir implicitamente uma mensagem sobre a pintura. De Elstir a Mme de Villeparisis chegando a Albertine, o personagem do pintor, provavelmente, se degrada: do atelier, com suas flores, seus personagens ou seus objetos transpostos e transformados sobre a tela, passamos às flores naturais de Mme de Villeparisis, para chegarmos a Albertine que, em plena floresta, frente a uma igreja antiga, "fotografa" os personagens esculpidos.

Da memória do pintor à imitação direta da natureza com Mme de Villeparisis, chegando enfim à cópia dos anjos com Albertine. Da ci-

13. "Ao deixar a igreja, vi, diante da velha ponte, moças da aldeia que, sem dúvida por ser domingo, estavam muito enfeitadas, interpelando os rapazes que por ali passavam. Menos bem vestida que as outras, mas parecendo dominá-las devido a uma certa ascendência – pois mal respondia ao que elas lhe falavam –, com ar mais grave e voluntarioso, uma outra, alta, meio sentada no rebordo da ponte, de pernas penduradas, tinha a sua frente um cesto cheio de peixes que provavelmente acabara de pescar". Idem, ibidem, pp. 256-257.

14. "Logo que conhecíamos bem essa estrada antiga, voltávamos, para variar, se é que não passáramos por ali na ida, por outro caminho que atravessava os bosques de Chantereine e de Canteloup. A invisibilidade dos inúmeros pássaros que se respondiam dentre as árvores, bem ao nosso lado, dava a mesma impressão de repouso de quando estamos de olhos fechados. Preso a meu assento, como Prometeu ao rochedo, eu escutava minhas oceânides. E quando, por acaso, via um desses pássaros saltar de um ramo a outro, havia tão pouca relação aparente entre ele e seus trinados, que não julgava ver a causa destes naquele corpinho saltitante, assustado e sem olhos". Idem, ibidem, p. 260.

"Porém Albertine sentira muito calor no vagão, e mais ainda durante o longo trajeto a pé, e eu temia que ela se resfriasse ao ficar, em seguida, imóvel naquela concavidade úmida que o sol não atingia. Por outro lado, e desde nossas primeiras visitas a Elstir [...] entendera-me com um alugador de Balbec para que todos os dias um carro viesse buscar-nos. Para sentir menos calor, tomávamos pela floresta de Chantepie [...] ao lado de Albertine, preso em seus braços no fundo do carro, escutava essas oceânides. E quando, por acaso, via um desses músicos que passava de um ramo a outro, havia tão pouca relação aparente entre ele e seus trinados, que não julgava ver a causa destes naquele corpinho saltitante, assustado e sem olhos". Idem, *Sodoma e Gomorra*, p. 329.

15. "Ela não queria ouvir falar em quadros comprados Deus sabe como por algum Creso; estava de antemão convencida que eram falsos e não manifestavam desejo algum de vê-los. Sabíamos que ela própria pintava aquarelas de flores". Idem, ibidem, p. 251.

dade à floresta, passando pela cidade ou pelo campo. Do mistério da origem da criação no espírito de Elstir à transparência das origens da flor e da escultura pintadas. O mesmo movimento ou a mesma trajetória liga as passagens. O sema do pintor se desagrega ou se recompõe, segundo a perspectiva que adotamos, mudando junto com ele a origem, os personagens, os lugares e o objeto. De um ponto de vista exterior, poderíamos dizer: do trabalho na caixa cinza (Louis Hay), no espaço mental (Daniel Ferrer) ou no sistema solar em expansão (César Segre) de Proust, passamos ao manuscrito e em seguida à cópia.

Como imaginar o trabalho da mente para chegar a *Sodoma e Gomorra*?

1. Sem cair nos golpes de Sokal e Bricmont, que parecem ter traumatizado muitos pesquisadores franceses, e ousando, mesmo assim, lançar pontes em direção das ciências duras, será que podemos colocar cada uma dessas unidades semânticas numa trajetória e então descobrirmos em que ponto elas sofrem deformação ou mudança, que desembocam por fim no texto de *Sodoma e Gomorra*?[16]

Não seria melhor usar o conceito de região de Prigogine na qual todos os pontos da trajetória se dispersam, uma vez que entram na região para voltar a formar uma outra trajetória na saída? Essa concepção oferece uma explicação mais simples, mas com o inconveniente de ignorarmos aquilo que acontece na caixa preta aqui constituída pela mente do escritor, nem os processos de criação que se desenvolvem e dos quais não possuímos nada mais do que seu resultado nas páginas dos manuscritos. Não seria melhor partir da teoria das catástrofes?

2. Retomando, entretanto, as noções de estabilidade e instabilidade, pertencentes às duas teorias, podemos, sem dúvida, imaginar um pouco melhor o trabalho da mente com a ajuda da teoria das catástrofes, sem nos referir diretamente aos cálculos muito difíceis de se entender para o crítico literário, mas dos quais Mallarmé já suspeitava.

Vou retomar alguns conceitos pertencentes a essas novas descrições do universo tentando, todavia, aproximá-las de nossas análises em literatura.

O ato de pintar é invariante em sua substância, mas variável em seus qualificativos pois acabamos de enumerar pelo menos três situações. Esse ato varia sob a ação de valores catastróficos ou descontínuos, que podem se chamar leis da narrativa, exigências do escritor, contexto da escritura, ou outros fatores desconhecidos. Estimulados por essas forças, o desejo de escrever atrai outras variáveis que incidem sobre os lugares, os personagens, os objetos pintados e os objetivos perseguidos nas passagens citadas.

16. A. Sokal, J. Bricmont, *Impostures intellectuelles* II, Paris, Éditions Odile Jacob, 1997.

Façamos a distinção entre a substância ou invariante e as variáveis dos valores catastróficos e do desejo.

Vale lembrar, entretanto, que essas aproximações só foram possíveis por intermédio do fólio 19vº, numa passagem que só falava da floresta e de Mme de Villeparisis, mas que estava ligada ao ato de pintar nos textos publicados. Enquanto a igreja, situada na floresta, não aparece senão no fim de todo um percurso nesses textos, no fólio 19vº, ela desempenha o papel principal, na medida em que motiva as idas e vindas do herói conduzido pela amiga de sua avó.

Se nos textos publicados, podemos estabelecer um circuito, um sistema ou um módulo

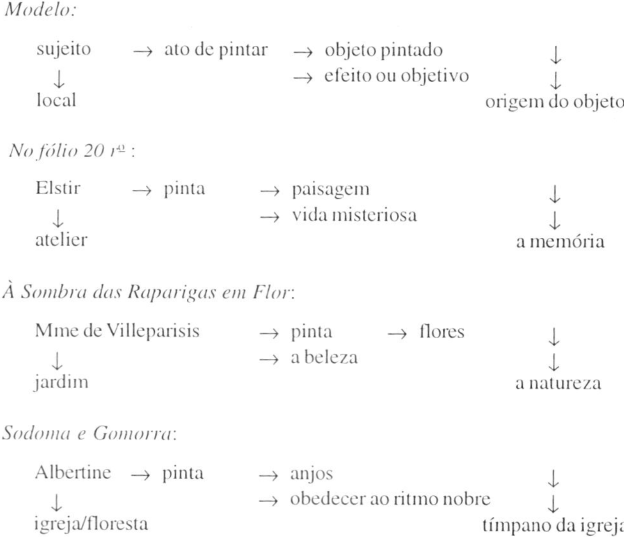

No fólio 19vº, temos como constituintes apenas o sujeito, o desejo, o objeto visto/o lugar e o objeto sentido:

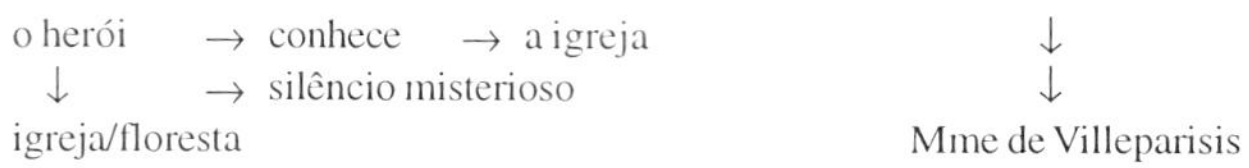

Poderíamos imaginar que na mente esses módulos são também estratificados em "quartos" separados por "divisórias", juntando-se ao longo das "arestas", juntando-se elas mesmas em "picos" (o pintor)[17]. O que resultaria em quatro cadeias:

17. J. Petitot, *Les catastrophes de la parole*, p.160.

Supondo que só haja essas quatro ocorrências, constatamos que o caminho da criação passa pela cadeia do herói e salta de um quarto a outro respeitando a ordem sintagmática na escritura, mas provavelmente também no espaço mental, o que contradiz o ponto de vista de Freud que sustentava o movimento associativo. No entanto, os conteúdos semânticos mudam de posição, como mostra o motivo da igreja que preenche sucessivamente a posição do lugar, da origem e do objeto. A mente comportaria pelo menos dois espaços: um ordenado segundo uma sintaxe, e o outro trabalhando por associação. Essa divisão refletiria não somente os pontos de vista de Freud e de Petitot, respectivamente, mas corroborariam, também, o de Elizabeth Bishop. A poetisa norte-americana assimilava a mente a um universo, no qual se posicionavam corredores, galerias sussurrantes e trilhas, que supõem um espaço ordenado misturado com outros sem arquiteturas aparentes[18].

Voltando aos *Cadernos*, diria que as ocorrências ou passagens em *cahiers* intermediários podem ser consideradas como o resultado de instabilidades que contribuem para gerar estabilidade na etapa seguinte. Se "uma forma instável deve ser concebida como a evolução de latências que pede para se exprimir"[19], a instância Elstir comporta os dois outros representantes: Mme de Villeparisis e Albertine e, a rigor, o próprio herói, assim como a paisagem com a vida misteriosa de

18. S. Guerra Anastácio, *O Jogo das Imagens no Universo da Criação de Elizabeth Bishop*.

19. "Uma forma instável deve ser concebida como a involução de latências que pede para 'se exprimir', a expressão sendo, no caso, uma abertura em extensão (o Drang de Leibniz), ou seja, uma estabilização que se identifica a uma diferenciação". J. Petitot, op. cit., p. 155.

Elstir compreende as flores de Mme de Villeparisis e os anjos da igreja de Saint-Jean. A mente desenvolve suas variáveis.

Por outro lado, como fazer para articular o ato de pintar e o ato de ver do fólio 19v$^{\underline{o}}$, que desemboca novamente na cadeia, exatamente no ato de pintar? O ato de pintar inclui o ato de ver, quer falemos do olho, que capta pela luz mil coisas que o "eu" não vê, quer falemos do olhar[20]. Ver uma paisagem ou um quadro é indiferente do ponto de vista psicanalítico: o indivíduo é levado pelo fio de luz e acaba fazendo parte daquilo que ele mesmo vê. Mas o pintor tem essa particularidade, felizmente para a arte, de "oferecer pastagem para o olho" e de convidar o admirador "a depor ali seu olhar, como se depõem as armas"[21]. O quadro dirige o olhar do público, enquanto que a paisagem o deixa livre para perceber aquilo que quiser com sua sensibilidade. No fólio 19v$^{\underline{o}}$, o herói busca, na paisagem, algo muito preciso para depositar seu olhar, as velhas igrejas, e adota, nesse sentido, o olhar do artista.

Podemos entender esse percurso como uma geometria que "estabiliza por pequenas deformações"[22], o choque inicial dos fólios 20 e 19 r$^{\underline{o}}$, e permite uma estratificação ou um posicionamento diferente de certos elementos[23], nos fólios que se seguem a eles. A dimensão ou a qualidade que desestabiliza o personagem Elstir, por exemplo, é justamente a de ser um personagem, assim como o herói, ou a de estar submetido ao narrador. Isso permite ao *scriptor* deslocar-se de um a outro personagem sem dificuldade para reconstituir uma outra estratificação. Essa mesma co-dimensão[24] estará em ação igualmente na constituição das outras cadeias.

Um trabalho da mente se efetua à surdina, movido por dois modos de instabilidade: a bifurcação ou o conflito[25] e prepara o texto de *Sodoma e Gomorra*. É sem dúvida possível seguir o longo nasci-

20. J. Lacan, *Livro 11*, pp. 90-102.

21. Idem, ibidem, p.99.

22. J. Petitot, *Physique du sens*, p. 151.

23. "[...] a estratificação como realização geométrica do conceito de classificação. Quando ele diz respeito aos caracteres discretos de entidades deformáveis, o conceito de classificação é de essência geométrica e consiste em identificar essas entidades a identidades de posição, ou seja, a valores de posição definidos por um sistema discriminatório de diferenças distintivas". Idem, *Les catastrophes de la parole*, p.158.

24. "A noção de estratificação extrai todas as conseqüências do fato que a co-dimensão de uma singularidade 'mede' seu grau de instabilidade". Idem, ibidem.

25. "Há, pois, duas causas de instabilidade estrutural: a degenerescência dos pontos críticos, correspondendo às catástrofes ditas de bifurcação (quando um mínimo desaparece por fusão com um outro ponto crítico), e a igualdade dos valores críticos, correspondendo às catástrofes de conflito (quando um outro mínimo se torna, por sua vez, o mínimo absoluto)". Idem, *Physique du sens*, p. 12.

mento do texto por meio das singularidades[26] e acompanhar os conflitos entre invariantes e variantes[27] nos textos sucessivos.

Anotamos três causas de instabilidade: a intervenção de um terceiro, que provoca a bifurcação ou o conflito; a ação de uma co-dimensão e a pressão da latência.

Os dois fólios estudados não somente se olham, mas também trocam informações que o *scriptor* acaba transcrevendo, querendo ou não, no texto publicado. Não se trata do choque das palavras no mesmo verso, como Mallarmé o deixava entender, nem de um trabalho autônomo da escritura, mas de uma operação da mente[28], elemento muitas vezes esquecido pelos geneticistas e quase sempre pela crítica literária. Portanto, os dois fólios constituem um conjunto, não estão um ao lado do outro por acaso e não devem ser estudados separadamente. Eles devem ser tomados, como todos os outros textos que se seguem a eles, como indicações metonímicas do conjunto.

A segunda passagem faz parte dos fólios 14 a 16rº, e tem por título "Intercalage Dernière partie Du Côté de Méséglise et du Côté de Guermantes". Os rectos estão transcritos no primeiro volume da Plêiade da página 840 à 842. Esses quatro fólios falam, eu cito, dos *événements* [...] *attachés indissolublement pour moi soit au côté de Guermantes soit au côté de Méséglise* [...] e, em seguida, o narrador conta o retorno de sua mãe após uma longa enfermidade, estimulado pelo cheiro da grama e pelo barulho que os passos dela faziam no cascalho.

14vº
É preciso dizer antes de falar do
mundo que constituem os fragmentos de sua realidade
Tinha notado na sala de jantar um quadro
dele em que uma cadeira e uma mesa continham uma
curiosa almofada de tecido verde e azul.
Depois vim ao ateliê
Então percebi um quadro que representava uma sala de estar e
uma cortina e uma mesa compondo um desenho de cor
escura que logo despertou em mim a imagem do desenho da
cadeira e do tapete que vira na sala de
jantar. Entre as 2 impressões perturbadas, uma impressão
ideal feita do que elas tinham de comum tinha se

26. "[A noção de abertura em extensão] mostra que como centros organizadores, as singularidades são, de alguma forma, princípios morfogenéticos e são elas então que, mesmo que só podendo se manifestar através das aberturas em extensão que as exprimem, contêm a 'informação morfogenética'". Idem, ibidem, p. 155.

27. "a morfodinâmica permite reinterpretar a dialética da expressão de conflitos internos pelas morfologias externas a partir da dialética entre variação e invariância [...] o conceito de invariância foi um princípo *a priori* (princípio de relatividade) que impõe que as leis da natureza sejam invariantes por mudança de referência, isto é, de observador". Idem, *Physique du sens*, p. XXIV.

28. A. Compagnon, *Le démon de la théorie*, p. 170.

manifestado como outrora o tipo de certas flores de
Elstir fazem nascer em mim uma dessas criações
indeléveis que não existem no mundo real e
pequenos
que o espírito etc ver nos cadernos pretos, 2 ou 3
passagens sobre isso.

[Il faudra dire avant de parler du
monde que {s}font les fragments de sa réalité
J{e}'avais remarqué dans sa salle à manger un tableau
de lui où une chaise et une table <contenaient> un
curieux dessin d'étoffe vert et bleu.
Puis je vins dans l'atelier
Alors j'aperçus un tableau qui représentait un salon et
un rideau et une table faisant [un] dessin de couleur
sombre qui éveilla aussitôt en moi l'image du dessin de
cette chaise et du tapis que j'avais vus dans la salle à
manger. Entre les 2 impressions perturbées, une impression
idéale faite de ce qu'elles avaient de commun s'était
dégagée comme jadis le type de certaines fleurs d'
Elstir donnent naissance en moi à une de ces créations
immatérielles qui n'existent pas dans le monde réel et
<petits>
que l'esprit etc. Voir dans les Cahiers noirs, 2 ou 3
passages là dessus. (Ver Fig. 4)]

O fólio 14vº, não transcrito na Plêiade, pois provavelmente os editores não sabiam onde colocá-lo, começa com *É preciso dizer antes de falar do mundo que constituem os fragmentos de sua realidade*[i], é uma indicação ambígua e sem pontuação que podemos ler *precisará falar da realidade, antes os fragmentos que constituem um mundo*[ii], ou, se supuséssemos que o adjetivo demonstrativo "*ce*" está antes do "*que*": *antes de falar do mundo, precisará falar sobre os fragmentos*[iii]. O conjunto do fólio situa o herói no atelier onde um quadro desperta nele a lembrança dos mesmos objetos representados em um outro quadro que ele acabara de ver na sala de jantar.

Das duas impressões na mente, impressão da realidade e da representação, resulta uma impressão ideal, dessa vez, *feitas do que elas tinham em comum*[iv] que desperta no narrador a lembrança do *tipos de certas flores de Elstir originando nele uma dessas criações imateriais que não ecistem no mundo real*[v].

i. Il faudra dire avant de parler du monde que {s}font les fragments de sa réalité.
ii. il faudra parler de la réalité avant les fragments qui constituent le monde.
iii.avant de parler du monde, il faudra parler sur les fragments.
iv. faite de ce qu'elles avaient de commun.
v. *type de certaines fleurs d'Elstir donnant naissance en* (lui) *à une de ces créations immatérielles qui n'existent pas dans le monde réel.*

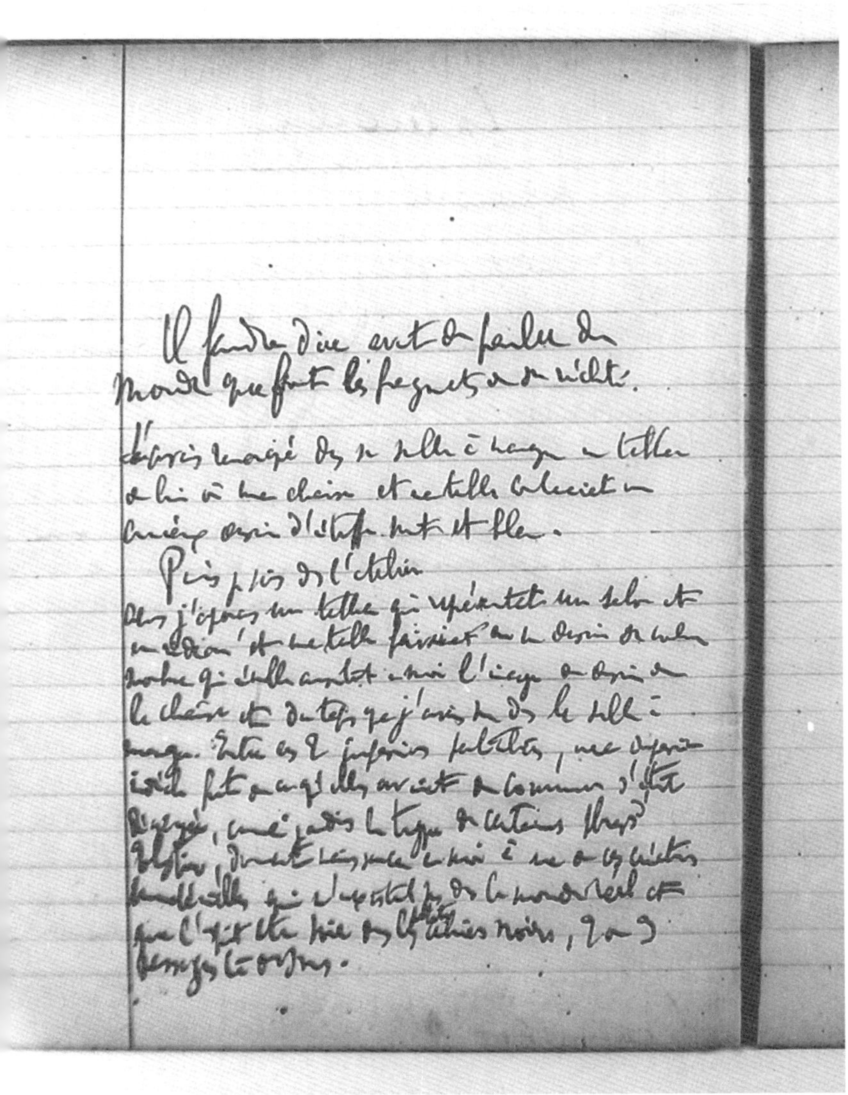

Figura 4: Caderno 28, de Proust. Fólio 14vº .

As duas impressões, a de outrora e a de agora, não têm, entretanto, a mesma origem, já que a primeira não resulta de uma imagem da realidade, mas dos próprios quadros de Elstir. Todavia, as duas, a imaterial e a ideal, desembocam no espírito do herói.

É provavelmente a junção que devemos realizar para fazer falar os dois fólios, mas nesse caso, retomaríamos não somente o fólio, que está de frente ao 14vº, mas também o conjunto de fólios chamado *Intercalage* que termina com uma reflexão sobre a mente: *Nesta noite que é nossa mente na qual um ou dois caminhos unicamente são descobertos por nós, é um terceiro, ou um balão, ou um prolongamento dos outros, algumas vezes um atalho que inutilizam ambos.*

Dizendo de outra forma, uma terceira via que permanece no espírito *donne naissance à une de ces créatures immatérielles* de que nos fala o fólio 14vº.

No fólio 33rº, o narrador já havia questionado a obra de arte em termos de relação e chegava a ser, de certa forma, até mais explícito: "Uma vez que a realidade artística é uma relação, uma lei que reúne fatos diferentes (por exemplo, as sensações diferentes que a síntese da impressão faz nascer) a realidade só está posta quando há estilo, ou seja, aliança de palavras". *Comme la réalité artistique est un rapport, une loi réunissant des faits différents (par emple ces sensations différentes que la synthèse de l'impression fait naître) la réalité n'est posée que quand il y a eu style c'est-à-dire alliance de mots.*

E ele mesmo aponta os meios para se fazer isso: "Ele toma as que a síntese coloca em relação, bate nelas sobre a bigorna e tira do forno um objeto em que as duas coisas estão ligadas". *Il prend celles dont la synthèse fait un rapport, les bat ensemble sur l'enclume et sort du four un objet où les deux choses sont attachées.*

E ainda, bem didaticamente, nos oferece um exemplo:

> No prefácio de Sésame et les Lys falo de certos bolos de domingo falo de seu "cheiro ocioso e açucarado". Poderia ter descrito a loja, as casas fechadas, o cheiro bom dos bolos, seu gosto bom, não havia estilo, conseqüentemente uma relação fazendo se juntar como uma ferradura de cavalo sensações diversas para imobilizá-las, não havia nada. Quando eu digo " cheiro ocioso e açucarado " estabeleço sob esse fluxo uma relação que os junta, os imobiliza. Há [realidade] há estilo.

> *Dans la préface de Sésame et les Lys je parle de certains gâteaux de dimanche je parle de "leur odeur oisive et sucrée". J'aurais pu décrire la boutique, les maisons fermées, la bonne odeur des gâteaux, leur bon goût, il n'y avait pas style, par conséquent un rapport tenant ensemble comme un fer à cheval encore des sensations diverses pour les immobiliser, il n'y avait rien. En disant " odeur oisive et sucrée " j'établis au-dessous de cet écoulement un rapport qui les assemble, les tient ensemble, les immobilise. Il y a [réalité] il y a style.*

Partindo destas definições e da demonstração que precedeu, afirmaria que, embora com conteúdo "composite", segundo a Plêiade, por ele enfeixar "rascunhos de *No Caminho de Swann* e *À Sombra das Raparigas em Flor*, páginas sobre o estilo próximas das dos *Cahiers*

Sainte-Beuve e diversos fragmentos sobre os nomes [...] um fragmento sobre as genealogias etc. [...]"[29], o *Cahier 28* possui uma certa unidade ou uma certa lógica se admitirmos a definição de estilo citada acima. Esses rascunhos representam, portanto, um trabalho do pensamento de muito interesse para os cognitivistas e para os geneticistas. Ao proceder dessa forma, me distancio das duas atitudes que, segundo Bernard Brun, "são concebíveis frente os prototextos: realizar um recorte cronológico, levando em conta os diferentes estados de uma unidade narrativa, ou estudar um ou vários grupos de rascunhos redigidos em determinada época, sobre um tema específico, no contexto em que ele ou eles se inseriam em tal momento e que pôde evoluir mais tarde, seguindo o desenvolvimento da obra"[30]. Entretanto, me aproximo do mesmo autor que afirma um pouco adiante:

> Seria necessário partir destes fenômenos de re-leitura e de re-escritura ao longo dos prototextos: de um *cahier* a outro, no interior de um mesmo estado ou unidade de redação. Debruçar-se sobre todos os fenômenos de microgênese, ter tempo de examinar cada rasura, e de procurar saber como e por que uma correção vem modificar ou um acréscimo completar um rascunho[31].

Sustento, então, que esse *Cahier*, e talvez a maioria deles, tem uma coerência, ou *une alliance de mots*, que vai muito além da razão cartesiana ou da inteligência e se situa em outro nível.

Não se trata certamente de relação causal imediata, já que ela não fica evidente à primeira vista e que a própria noção de causa é bastante discutível[32]. Há certamente relações topológicas ou de vizinhança entre os dois fólios que estão um de frente para o outro, relações que pudemos detectar ao examinar as diferentes camadas do manuscrito no que diz respeito aos personagens, à ação e ao espaço. A riqueza da invenção proustiana consiste não somente em contar com a dimensão temporal, o início e o final do fólio 15rº seguido do fólio 16rº, mas em instaurar uma dinâmica do espaço e das camadas do manuscrito que dão origem a uma nova lógica dos acontecimentos.

O vaso cheio de mil e uma coisas parecido com a "região" de Prigogine, abole as trajetórias iniciais, permitindo uma reorganiza-

29. "des brouillons de *Du côté de chez Swann* et *A l'ombre des jeunes filles en fleurs*, des pages sur le style proches des Cahiers Sainte-Beuve et divers fragments sur les noms [...] un fragment sur les généalogies etc. [...]" em, M. Proust, *Sodome et Gomorrhe II*, p. 1825.

30. B. Brun, "Brouillons des aubépines", em *Cahiers Marcel Proust 12*, p. 259.

31. Idem, ibidem, p. 283.

32. "Os conceitos de causa e efeito são noções bastante ingênuas; causalidade e finalidade têm origem em um estatuto antropológico pré-científico ou de heurística mal compreendida [...] a noção de causa é uma noção enganosa, intuitivamente ela parece clara, mas na realidade ela é sempre feita de uma rede sutil de interações" recorda René Thom seguindo assim Spinoza. R. Thom, *Paraboles et Catastrophes*, p.133.

ção não mais de partículas, mas, muito mais poeticamente, *de parfums, de sons, de projets et de climats*. A diferença reside no gênero de operador. Enquanto que na experiência física as partículas voltam a se organizar segundo critérios detectados através do cálculo das probabilidades e não segundo um princípio exterior, o operador proustiano, ao mesmo tempo interno e externo, reúne elementos que carregam consigo os outros dos milhares que estão lado a lado.

Não é por acaso que o fólio 14vº fica de frente para o fólio 15rº e situa-se no conjunto *Intercalage*. Além das relações de vizinhança, o *scriptor* viu (o *scriptor* e não o escritor), no sentido do "le poète est un voyant" (o poeta é um vidente) de Rimbaud, ou o *scriptor* percebeu no recto os esboços, no sentido de Husserl, ou "momentos do objeto", como sublinha Petitot comentando Husserl, invisíveis a muitos[33], dos quais é possível suspeitar e mesmo chegar a reconhecer no manuscrito.

Em outras palavras, o *scriptor* percebeu aspectos de *Intercalage* ou do fólio 15rº imperceptíveis ao leitor ou ao crítico, o que nos faz imaginar as numerosas associações subjacentes que intervieram.

Procedimento de criação não-sabido, na medida em que o *scriptor* age à revelia do próprio escritor, mas que pode ser sabido se os dois passam a agir conjuntamente.

Indo além nessa reflexão, pergunto ainda, o que incita o escritor a estabelecer essas relações? Será que há um pensamento subjacente, um motivo desconhecido, um impulso misterioso que força o escritor a escrever o fólio 14vº no contexto de *Intercalage* e não no de *Reprendre la visite à Elstir*? Ou ainda, será que o *scriptor* – e não procurarei saber se o procedimento é inconsciente ou não, ou se o *scriptor* age em conivência com o escritor, já que essa distinção não nos interessa em princípio e que tento estudar o resultado – chegou a perceber uma fórmula particular, uma descontinuidade diferente em *Intercalage* que o predispôs, em seguida, a escrever o conteúdo do fólio 14vº neste fólio e não em outro?

Retomando Petitot, nos perguntemos se há "regras de encadeamento das coisas vividas"[34] ou dos esboços, ou regras dirigindo as associações a partir de *Intercalage*; em seguida, nos perguntemos por meio de qual mecanismo "o aparecer do objeto" – ou "o objeto se dando enquanto aparecer sob o modo do percebido", aqui, a escritura para o *scriptor* –, surge nesse fólio 14vº. Ou ainda, "qual é a natureza da equivalência entre os esboços", – as coisas percebidas no fólio 15rº – e o objeto não escrito no fólio 14vº, mas o objeto escrito no fólio para o *scriptor*? Qual é "a relação entre o vivido (o sentido) que são os esboços" e o conjunto de singularidades postas no papel pelo *scriptor*?

33. J. Petitot, *Physique du sens*, p. 71.
34. Idem, ibidem, p.72

Uma primeira resposta pode sublinhar que o *scriptor*, examinando no fólio 15rº, por exemplo, vai notar ou perceber saliências ou descontinuidades. Termo de René Thom, a saliência se traduz para nós em termos de som, – Proust, como Flaubert, lia seu texto em voz alta[35] – palavras ou expressões que marcam o *scriptor* por diversas razões. Seja porque esses elementos vão de encontro à sua estética, seja porque, pelo contrário, se distanciam dela, seja porque fogem do habitual ou da continuidade. Seja, enfim, para resumir, porque o *scriptor* tem em mente "um sentido intencional" ou "um conteúdo determinando o modo de aparecer do objeto"[36]. Essas possibilidades não eliminam um trabalho da mente fora do texto, inacessível.

As saliências ou descontinuidades podem estar localizadas nas camadas do manuscrito, isto é, no nível da estrutura e da regulação dos elementos que a formam, ou no nível do sentido ou do simbólico. Falar de estrutura ou de sentido em literatura refere-se essencialmente à noção de valor para Saussure: as palavras ou expressões adquirem seu sentido segundo seu lugar na cadeia e não segundo sua "substância", definida pelo dicionário.

Em outros termos, o *scriptor* –, ao encontrar um certo fólio com uma identidade antes atribuída e confirmada pelo autor, como por exemplo, na escritura do fólio 15rº; ou ainda, o *scriptor*, ao se deparar com as invariantes de um fólio estruturado –, retira dele alguns elementos, enfraquecendo assim sua invariância, sua identidade e o discurso precedente do próprio *scriptor*.

Penetrar mais no modo de agir de Proust e imaginar o "sentido intencional", é possível? Não existe a limitação do fato de que o próprio Proust não saberia discernir plenamente aquilo que o leva a observar este ou aquele elemento, já que esses processos são inconscientes na maior parte do tempo? O que nos resta fazer senão inventariar as aproximações, como fiz no início do ensaio, e definir uma lógica não racional e de vizinhança, a qual nos permita sustentar que o acaso tem pouquíssima atuação na criação.

Dito de outra forma sustentamos que o verso de um fólio tem sempre a ver com o recto que está de frente para ele, assim como parágrafos aparentemente disparatados em um mesmo fólio estão sempre se relacionando uns com os outros.

Evocarei a esse respeito o testemunho de Mallarmé que, dividido desde o início entre o cálculo e o acaso, não hesitou em afirmar numa carta a seu amigo Charles Morice, que tentar evitar uma estrutura de andaimes em torno dessa arquitetura espontânea e mágica, não implica na falta de cálculos poderosos e sutis, mas nós os ignoramos; eles

35. M. Proust, *Correspondance*, p. 12

36. O que Petitot, seguindo Husserl, chama "noumène". Idem, ibidem, p. 86.

mesmos se fazem de misteriosos de propósito"[37] e no rascunho da carta, ele acrescentava que "esses cálculos acontecem no fundo de nós mesmos, recalcados, mudos, misteriosos resumos"[38].

Quer dizer: existem processos de criação implícitos aos quais se dedica o *scriptor* e que o geneticista se contentará em sublinhar.

Falamos do acaso e do cálculo, mas, sem dúvida, devemos regular nossos parâmetros segundo aquilo que hoje vem substituir a imprevisibilidade do acaso e a previsibilidade do cálculo nas ciências físicas, a saber, a instabilidade e a estabilidade. Este novo paradigma fará com que passemos a considerar a página do manuscrito como essencialmente instável, a partir do momento em que o escritor depositar nela seu olhar; toda percepção nova do escritor fará da página não mais um conjunto fixo ou estável, mas um conjunto formado por elementos prontos para mudarem de lugar, para serem substituídos ou rasurados, prolongados na página seguinte ou definitivamente suprimidos. Este fato não elimina os cálculos implícitos presumidos por Mallarmé que, sendo de tal natureza, são chamados de acaso.

Supomos assim que as teorias cognitivas; a filosofia de Husserl; a teoria das catástrofes, de por René Thom; a teoria do caos determinista, iniciada por Henri Poincarré; as estruturas dissipativas de Prigogine e a morfodinâmica estruturada por Jean Petitot, têm a ver com aquilo que fazemos, e que esta constatação exige de nossa parte a integração dessas disciplinas à nossa, e também uma tentativa, de ambas as partes, de transpor o intervalo que separa habitualmente as ciências duras daquelas que nos fazem trabalhar, inventar e refletir, a partir de nosso objeto científico: o manuscrito.

Concluo, insistindo para que, como geneticistas que somos, não deixemos mais nos levar por uma atitude que eu chamaria de bibliotecária ou de editor, para quem as divisões em páginas, em recto e verso, são importantes porque delimitam um sentido e permitem uma melhor localização. O geneticista deve considerar essas divisões, e as incoerências de uma mesma página, como formas que foram estáveis por um momento, mas que, percebidas e retrabalhadas pelo escritor, tornam-se instáveis, fruto de um pensamento sempre em movimento, num campo também instável.

Destacar as relações de vizinhança, sublinhar a relação do percebido com o texto e sua conseqüência, não o acaso, mas a instabilidade, notar as relações transversais ignoradas com freqüência, diferenciar as camadas que se chamam umas às outras, lembrar-se da contribuição possível de outras ciências à crítica genética, estes foram meus objetivos ao escrever este capítulo.

37. S. Mallarmé, "Autobiographie", em *Oeuvres Complètes*, p. 872.
38. Idem, "Notes en vue du 'Livre'", em op. cit., p. 1051.

4. Crítica Genética e Proust ou da Deriva das Formas aos Processos de Criação

Em um trecho sintomático de *O Tempo Redescoberto*, o herói, Marcel, expressa a Jupien sua surpresa ao apanhar em flagrante o barão de Charlus sendo chicoteado:

> 'Enquanto não se transforma', retorqui a Jupien, 'esta casa é o oposto, é pior do que um hospício, pois nela expõe-se, reconstitui-se, exibe-se a loucura dos alienados; um verdadeiro pandemônio. Julguei, como o califa de *As Mil e Uma Noites*, ter chegado na hora precisa para socorrer um homem espancado e foi outro conto de As *Mil e Uma Noites* que vi realizar-se diante de mim, o da mulher transformada em cadela, que se deixa voluntariamente açoitar, a fim de recuperar a forma primitiva'[1].

O herói refere-se à "História de Zobeida" de *As Mil e Uma Noites*, na qual não uma, mas duas mulheres são transformadas em cadelas negras. Recapitulemos rapidamente a história. Com a intenção de se apropriar dos bens do príncipe, pretendente de Zobeida, duas irmãs dela jogam o casal de amantes no mar. O príncipe se afoga, mas Zobeida consegue chegar a uma ilha onde espanca uma grande serpente que mordia a cauda de uma serpente menor. No dia seguinte, encontra uma fada a seu lado, a serpente pequena, puxando pela coleira duas cadelas: as duas irmãs de Zobeida já metamorfoseadas. A fada quer assim agradecer e vingar Zobeida, mas, em contrapartida, a obriga, "da parte daquele que confunde

1. M. Proust, *O Tempo Redescoberto*, p.118.

os mares", a dar todas as noites cem chicotadas nas cadelas, sob pena dela virar uma cadela também[2].

As duas irmãs voltam à forma de mulher em um outro conto, "A história de Amine", quando o califa Haroun-al-Raschid, a quem a história é contada, chama a fada vingadora, a qual, a seu pedido, as faz retomar a forma inicial: sem bater, pronuncia uma fórmula mágica "que ninguém ouviu", jogando em seguida um pouco de água sobre elas[3].

Vale notar o desvio ou a filtragem que a fala do herói proustiano realiza: longe de "deformar um pouco o conto" como afirma a Plêiade[4], acaba mudando as posições e a própria constituição dos personagens. No conto, espancar as cadelas permite a Zobeida não se tornar, ela mesma, uma cadela. Espancar impede a transformação. Exercer o sadismo imposto pela fada, espancar as irmãs todas as noites, faz com que Zobeida conserve sua própria forma, sua identidade de mulher, como se a ação sádica condicionasse ou constituísse seu estado. Nesse mundo fantástico, a fada representa a pulsão sado-masoquista que será delegada a Zobeida. Bater determina a forma visível e impede a inversão.

Ao contrário do conto, no romance de Proust, as cadelas se deixam espancar voluntariamente para reencontrar sua forma inicial. Ora, se Charlus se deixa espancar, não é para voltar a ser mulher como imagina o herói, salvo se o narrador estiver dando a ele um inconsciente que, sob o disfarce do gozo procurado, quer, na verdade, retomar aquela forma inicial.

Uma constante reúne as duas narrativas e seus personagens: a representação da pulsão sado-masoquista. Os psicanalistas irão logo associar essa cena aos comentários de Freud em "Uma Criança é Espancada" [5], mas eu não pretendo trilhar esse caminho.

O barão de Charlus paga a Maurício para que bata nele, o que reverte como bater em si mesmo, mas o objetivo é duplo na construção do personagem: não só dar a ele, de forma explícita, o gozo, mas também, atribuir ao herói-voyeur uma interpretação psicanalítica, ao saber que o barão quer, no fim das contas, encontrar novamente sua forma feminina, "sua forma inicial". A aventura de Zobeida poderia também ser lida nesse mesmo sentido: a heroína espanca inconscientemente a si mesma através do espancamento das duas cadelas, goza, mas o faz explicitamente para poder manter sua forma de mulher. Enquanto o gozo é buscado abertamente pelo barão,

2. *Les Mille et une nuits. Contes arabes*, vol. I, p. 215.

3. Ibidem, p. 227.

4. M. Proust, op. cit., p. 1244.

5. S. Freud, " Un enfant est battu. Contribution à la connaissance de la genèse des perversions sexuelles " (1919), em *Névrose, psychose et perversion*, p. 219.

fica mascarado e recoberto pela história das duas irmãs de As *Mil e Uma Noites*. Entretanto, a forma feminina procurada nos dois casos aparece de maneira declarada na primeira história e mascarada na narrativa de Proust.

Temos, pois, quatro fatores em jogo: a forma feminina espancar, se espancar e gozar, marcados por quatro modalidades: encobrir, exibir, manter a forma feminina e chegar até ela. A ação é a mesma nas duas narrativas se aceitarmos a igualdade proposta entre "espancar" e "se espancar" entre Zobeida e as cadelas e a conseqüência da ação que, mesmo invertida, desemboca em um produto idêntico: uma forma feminina.

É como se a pulsão sado-masoquista só pudesse desembocar na forma feminina e que Proust, outro psicanalista, acentuasse, ele também, a ligação entre a mulher e essa pulsão[6], ou melhor, entre a atitude feminina e o gozo.

Mas por que essa mudança em relação ao conto e a insistência na inversão e não na inalterabilidade? Consultar outras etapas da escritura relacionadas ao episódio, para captar o movimento de criação do documento citado de memória ou relido, seria muito útil ao geneticista, mas, infelizmente os *cahiers* que façam alusão a esse conto não foram ainda decifrados e temos que nos contentar em situar o dito movimento de criação entre os dois contos de *As Mil e Uma Noites* (a "História de Zobeida" e a "História de Amine") e o romance de Proust.

Devemos aproximar esse trecho de um outro de *Sodoma e Gomorra* no qual, depois do diálogo entre o barão e Jupien, o herói diz:

> De resto, compreendia eu agora porque, um momento antes, [...] me pareceu que o Senhor de Charlus tinha o aspecto de uma mulher: era-o! Pertencia à raça destes seres menos contraditórios do que parecem, cujo ideal é viril justamente porque seu temperamento é feminino e que são na vida semelhantes, em aparência apenas, aos demais homens; ali onde cada qual traz consigo, nesses olhos pelos quais vê todas as coisas do universo, uma silhueta gravada na pupila, não é para eles a de uma ninfa, mas a de um efebo[7].

É a partir deste volume que o leitor passa a compreender, junto com o narrador, a ascendência psíquica desse personagem que, em *O Tempo Redescoberto*, já aparecerá sem rebuços como homossexual.

Por que citar esse outro trecho? Porque o narrador proustiano leva a cabo aqui um debate um tanto filosófico, e mesmo científico, que tem a ver com as pesquisas atuais em morfodinâmica, já comentadas no capí-

6. "O que Freud nos ensina com o masoquismo primordial, é que a derradeira palavra da vida, quando ela foi desapossada de sua fala, só pode ser a maldição derradeira que se expressa no fim de Édipo em Colona. A vida não quer sarar ". J. Lacan, *Livro 2. O Eu na Teoria de Freud e na Técnica da Psicanálise*, trad. Marie Christine Laznik Penot, p. 292.

7. M. Proust, *Sodoma e Gomorra*, pp. 13-14.

tulo anterior. Petitot, fundador desse novo ramo do saber[8], nos chama a atenção para "uma das maiores descobertas dos últimos anos, a saber: que o sistema da retina efetua a análise em série de pequenas ondas do sinal ótico, o que significa que os sinais podem veicular geometria"[9], ou forma e jamais matéria bruta. Sabemos também, por meio de René Thom, que toda forma gravada é um sistema de descontinuidades qualitativas sobre um espaço substrato bem escolhido. Em outras palavras, o sistema da retina retém formas cuja essência é a descontinuidade[10].

O caráter visceralmente quebrado da linha é indispensável para que seja retido pelo sistema, e nos faz pensar imediatamente no inconsciente no qual Lacan sublinha a mesma característica[11]. Coincidência ou não, o inconsciente e a percepção, pelo menos a visual, trabalham a partir do descontínuo. Mas isso é só uma preliminar que retomaremos mais adiante.

O importante é a tese de Petitot, sua idéia fundamental, ou seja, "a forma é o fenômeno da (auto)-organização da matéria; ou dito de outra maneira, a substância não é a matéria (uma hylé), na qual vem se implantar uma forma ontologicamente autônoma, mas, antes de mais nada, a matéria (um substrato) dinamicamente (auto)-organizada"[12].

Nesse caso, Charlus sofreria de uma desarmonia entre as duas categorias, o que explica suas atitudes contraditórias e faria do personagem proustiano um exemplo pelo menos discrepante da teoria expressa por Jean Petitot.

COMO RESOLVER ESSA APORIA?

O conto de *As Mil e uma Noites* não fala de sexo diferente, mas sim de formas diferentes. A forma só diz respeito a uma aparência.

8. Os modelos dinâmicos constituem uma parte essencial das pesquisas de Jean Petitot no domínio da modelização cognitiva. Para sublinhar o fato de que eles são utilizados nesse domínio no sentido de explicar estruturas morfológicas, utiliza-se o adjetivo "morfodinâmico". Eles são utilizados para modalizar certos desempenhos cognitivos fundamentais. Implementados nas redes de neuroses formais, permitem desenvolver um ponto de vista físico, não exclusivista, sobre as ciências cognitivas. Participam assim ativamente no trabalho de naturalização das ciências humanas. J.Petitot, *Équipe d'épistémologie des modêles sémiotiques et cognitifs*, p. 2, http:llwww.ehess.fr/centresl eemesc/eemsc.html

9. J. Petitot, " Syntaxe topologique et grammaire cognitive ", em *Langage*, p. 97.

10. A percepção das descontinuidades qualitativas constitui um fenômeno perceptivo de base. A conseqüência disso é que passa a ser necessário pensar a percepção como uma implementação de algorítmos geométricos de tratamento de singularidades genéricas (por exemplo, as singularidades genéricas dos contornos aparentes dos objetos). Idem, *Équipe d'épistémologie des modêles sémiotiques et cognitifs*, p. 4.

11. "A descontinuidade, esta então a forma essencial com que nos aparece de saída o inconsciente como fenômeno". Lacan, *Os Quatro Conceitos Fundamentais da Psicanálise*, p. 30.

12. J. Petitot, *Langage*, p.97.

As cadelas conservam o espírito humano das irmãs ainda que em um corpo de animal. Com efeito, as irmãs permanecem mulheres, mas sob o efeito do encanto, elas aparecem como cadelas aos olhos dos homens e perdem seu aspecto de seres humanos: "Essas duas cadelas negras são suas duas irmãs a quem eu dei essa forma"[13].

Duas hipóteses afloram.

Primeira hipótese. Ou se trata de um fantasma colocado pela fada entre as duas assassinas e os homens, um fantasma ou um novo roteiro[14] que, colado ao ser, esconde o corpo feminino e que, conseqüentemente, não pode ser considerado como a forma verdadeira. Mas podemos falar de forma verdadeira ou forma falsa? A diferença entre o verdadeiro e o falso se desenha, porém, é possível se falar em forma verdadeira e forma falsa? Não será melhor distinguir, como René Thom, a aparência que pode ser descrita[15], do ser, impossível de ser atingido? Sabemos, entretanto, que cada um vê o outro através de seu fantasma pessoal, mas que é difícil de encarar a existência de um mesmo fantasma para todos os que circundam Zobeida, a não ser que Zobeida seja a única que vê suas irmãs como cadelas, o que é pouco provável, pois o califa e seu círculo as vêem também sob esse aspecto.

Segunda hipótese. Haveria aí camadas diferentes de formas? Freud já havia comparado o eu a uma cebola, que a análise vai descascando para encontrar não o verdadeiro eu, noção totalmente fantasmagórica, mas as identificações sucessivas que o constituem. Não poderíamos, então, considerar a forma cadela como uma das camadas das duas irmãs, mas camada a tal ponto poderosa e acentuada pelo sortilégio que ela acaba sendo a única visível? Em *As Mil e uma Noites*, é dito que o cachorro é um animal "imundo segundo a religião muçulmana"[16] e, de fato, o crime das duas irmãs (afogar sua irmã mais nova e o amante dela e se apossar da riqueza deles), representa o que há de mais vil para uma família. Então, é sob o aspecto "imundo", sob a forma de cachorro, que as duas irmãs aparecem aos homens. Nessa hipótese, a fada só teria reforçado esse aspecto.

Tomando a teoria de Jean Petitot como referência e sua definição da forma como auto-organização da matéria, nos perguntaremos: de que modo construir um modelo ou uma ficção que nos permita especular sobre diversas formas. Uma resposta brutal seria excluir a ficção do âmbito da ciência. Sabendo, contudo, que qualquer ficção, besteira ou

13. *Les mille et une nuits. Contes arabes*, vol. I, p. 215.

14. J. Lacan, *Livro 5. As Formações do Inconsciente*, trad.Vera Ribeiro, p.421.

15. "compreender a emergência das formas, é compreender igualmente a diversidade das aparências e a validade das descrições lingüísticas". J. Petitot. "Pas même un ange (le problème de l'émergence des descriptions hors de l'indescriptible)", *Un siècle d'espoir. Temps et devenir.* (1917-), p. 309.

16. "Histoire des trois calenders. XXXIV$^{\underline{o}}$ nuit", *Les Mille et Une Nuits*, p.128.

mesmo mentira, contém um fundo de verdade, vale o esforço de tentar encontrar uma ligação entre Petitot, o conto oriental e Proust.

Relação entre a Morfodinâmica e o Conto

Se a forma que aparece reflete apenas a auto-organização da matéria "cadela", onde ficaria então a mulher que ainda permanece lá? Sabemos que a forma total de todas as coisas é constituída de milhares de pontos que definem um volume. Levando essa definição geométrica em consideração, podemos supor que a fada acentuou os pontos que põem em evidência a forma cadela e diminuiu, até que passassem desapercebidos a olho nu, os pontos que evidenciam a forma global, a feminina. Seria até mesmo bem fácil reproduzir a forma inteira no computador, atribuindo cores diferentes e mais fortes à forma da cachorra dentre as que compõem essa totalidade.

Devemos, pois, insistir na terceira dimensão que se junta à do substrato (matéria) e da auto-organização (forma), não citada por Petitot no artigo comentado, mas que é parte intrínseca da morfodinâmica. Como denominá-la, a não ser vida, força do espírito ou força do inconsciente ou desejo? As duas irmãs, ao se identificarem com seu crime, acentuam, insistem e se apresentam ao mundo sob a forma do cachorro, parte do próprio ser delas, como de todos nós em nossas pulsões destrutivas.

Poderíamos também mencionar o paradigma de Prigogine no qual, as zonas de estabilidade e de instabilidade, provocadas pela entropia, dão origem umas às outras quando, por exemplo, as estruturas estáveis se dissipam. Asserção que nos leva a acrescentar mais uma dimensão, a da flecha do tempo, dimensão muito próxima da terceira, mas que permite inserir o fenômeno na nova descrição do Universo defendida por esse autor.

Solução plausível para o conto e para a informática, será ela, todavia, válida também para Charlus? Podemos encarar a idéia de uma forma trabalhando outra? Não seria voltar a um tipo de psicologia como a defendida por Lavater no século passado?

Relação entre a Morfodinâmica e Em Busca do Tempo Perdido.

A visão do artista, possível pela arte e não pela inteligência, ultrapassa a percepção de nossos olhos e consegue encontrar leis invisíveis nas quais se origina o comportamento dos homens. A que leis o narrador alude? Balzac, assim como Lavater, o fundador da fisiognomia moderna (1741-1801), acreditava na correlação profunda, bem clara para os iniciados, entre o comportamento exterior, o rosto e o caráter[17]; mas no

17. Walter Benjamim sublinhou este aspecto no conhecimento das metrópoles. W. Bolle, *Fisiognomia da Metrópole Moderna*, p. 40.

texto de Proust, o conhecimento dos outros está reservado aos artistas, para os quais o comportamento é fruto de uma estrutura, de atitudes fixas ou de clichês, muitas vezes não desenvolvidos. O narrador proustiano desconfia, aparentemente, de uma percepção exterior à moda de Lavater para conhecer um indivíduo; não faz alusão ao caráter no sentido psicológico da palavra, nem, especificamente, a um vínculo inconsciente. Defende, sobretudo, a idéia de que os hábitos comportamentais se originam dos clichês sociais ou pessoais nos quais os indivíduos se enquadram e que o artista reconhece como índice de uma riqueza insuspeitada.

O herói proustiano só se dá conta da transformação do barão no último volume, não sem ter o narrador acumulado nos cadernos uma série de detalhes sobre a homossexualidade a propósito de outros personagens, detalhes que preparam essa revelação. Em outras palavras, a percepção visual da forma feminina do barão é fruto de uma aprendizagem na qual o tempo desempenha um papel considerável nos dois sentidos. Tanto o barão já não esconde mais tão bem sua tendência sexual no final da narrativa, quanto o herói Marcel discerne, com o passar do tempo, as formas diferentes. A valorização da flecha do tempo é essencial na formação do olhar do herói.

Entretanto, o herói – muito mais curioso do que o califa Haroun-al-Raschid – tenta encontrar uma outra razão, desta vez psíquica, para explicar o comportamento do barão. Essa curiosidade marca, ao mesmo tempo, o desvio proustiano mencionado no início e a invenção do narrador. No trecho citado de *Sodoma e Gomorra*, a orientação sexual deve ser atribuída a uma "silhueta" gravada na pupila, que, não somente dirige o olhar, mas também manifesta o desejo do sujeito por um objeto feminino ou masculino, como assinala explicitamente o manuscrito datilografado[18].

Aqui não se trata mais da percepção do barão por parte do herói, mas de compreender como funciona a engrenagem da máquina que carrega o nome do personagem. Dois elementos são postos em primeiro plano: o trabalho interno do desejo e a percepção que o move.

O Trabalho Interno do Desejo

Será que esse mecanismo da silhueta gravada na pupila não reflete uma concepção semelhante à do mito da androginia relatado por Aristófanes no *Banquete* de Platão, segundo o qual o ho-

18. "[...] traz inscrito nos seus olhares o desejo através do qual ele vê todas as coisas no universo, para eles, essa forma gravada na pupila não é a forma de uma ninfa, mas sim a de um efebo" - "porte inscrit en ses regards le désir à travers lequel il voit toutes choses dans l'univers, pour eux, cette forme intaillée dans la facette de la prunelle n'est pas celle d'une nymphe, mais d'un éphèbe". M. Proust, " Ms dactylographiés 1 et 2 ", op. cit., p.1277.

mem e a mulher se complementam, como em uma esfera ou como num ovo, volumes que representam o máximo da perfeição para os Antigos?

Não inteiramente, uma vez que a pupila, outra forma esférica, não reúne os dois sexos em sua circularidade nem significa androginia, mas apenas orienta a percepção do ser humano. O complemento da esfera, que para Aristófanes está no mesmo espaço, não continua ali para o narrador proustiano, já que a segunda parte da silhueta se identifica com a forma do corpo e não está concentrada no olho. O ideal de beleza, representado pelo efebo ou pela ninfa na pupila, age como uma espécie de célula invasora e impõe a transformação, se ela se realizar, como no caso de Charlus, ou mantém a forma inicial como no caso de um heterossexual. Uma relação de força do menor ao maior se estabelece e a forma masculina exterior submete-se, pouco a pouco, ao desejo de "complementaridade" do efebo que busca uma forma feminina.

A ação da silhueta tem a mesma conseqüência que a de "bater" ou "ser batido"; ela permite a passagem de um mundo para um outro ou sua manutenção, não mais diretamente por meio de um gozo momentâneo, como em Charlus, ou escandido, como no conto, mas por meio do tempo que age sempre. É uma das diferenças entre o fantástico, que usa da fórmula mágica para agir instantaneamente, e o romance moderno, que insere a ficção na dimensão da finitude e do imperfeito, no tempo.

A sexualidade imaginada pelo narrador proustiano está baseada, ao mesmo tempo, na inalterabilidade e na diferenciação sexual. Na inalterabilidade porque o indivíduo encontra satisfação nas descobertas do idêntico em uma outra pessoa, ou de seu ideal de beleza, num homem jovem; na diferença porque aquilo que o impele na direção do outro é a forma feminina que se revela no correr do tempo. Não seria totalmente fora de propósito comparar o efebo a um escultor que modela sua forma complementar durante anos, a partir da primeira forma encontrada.

O que eu chamava de vida, de força do espírito, de força do inconsciente ou de desejo na interpretação do conto, está aqui materializado em um pequenino objeto, imaginário, mas eficaz, situado no órgão central da percepção visual. A auto-organização da forma feminina, que daí deriva, tem a ver com a figura do efebo na sua forma masculina anterior, o que dá mais precisão à terceira dimensão discernida mais acima.

O procedimento descrito por Proust toma parte em dois fenômenos muito comuns, se seguirmos Sylvie Le Poulichet, inspirada em Merleau-Ponty.

> A obra se torna (se devient) abrindo campo a partir do qual ela será percebida, a partir do qual ela aparecerá ainda destilando o visível do invisível. Assim, a sua superfície

> se desenrola num vir-a-ser instável, que situarei igualmente como uma atuação do tempo na imagem. [...] O corpo pulsional continua a se fazer a cada noite, continua a 'se modular na instabilidade', através do campo do sonho[19].

A relação de força, percebida pelo narrador proustiano entre a pupila e o corpo, se encontra também no quadro e no sonho. Ambos se abrem para o tempo e não terminam jamais no instante do olhar e daquilo que é narrado. O mesmo jogo de formas está em ação no nível das relações entre o quadro, o sonho e a transformação física descrita no romance *Em Busca do Tempo Perdido*.

A Percepção Provocada pelo Efebo

Situado no olho, o fantasma do efebo se junta, em parte, à demonstração de Julien Friedler relacionando a retina, invólucro do olho, e a sexualidade[20]. Apoiando-se na unidade da primeira percepção do ser humano, seja ele homem ou mulher, Friedler sugere um espaço corporal que atrai o primeiro desejo da criança, auréola do seio da mãe, que, metonimicamente e fantasmagoricamente, se estenderá a outras marcas negras nos anos vindouros. Combinando o olhar e a devoração, o olho e a boca, a mancha negra do seio será a primeira marca de gozo e estará subentendida em todas as outras que virão.

Segundo o narrador proustiano, a ninfa ou o efebo, que orienta e comanda, ao mesmo tempo, a visão e o comportamento do indivíduo, antecede a marca negra. Agindo também inconscientemente, embora o narrador proustiano não empregue essa palavra, neste caso a silhueta do efebo ou da ninfa, situada bem na abertura da íris, impulsiona o sujeito a desejar o mesmo objeto. Todo amor, nesse sentido, seria homossexual, uma vez que ele buscaria a mesma forma que traz consigo. Predeterminado, o olhar, colado à silhueta, desenha a forma a ser entrevista sem qualquer esperança de distinguir outra coisa. Os objetos entrevistos estão todos enquadrados numa forma estética preestabelecida. Estamos longe da teoria psicanalítica, que só prevê essa estrutura na perversão homossexual.

Um Novo Modelo ou Uma Nova Ficção. Resposta à Morfodinâmica

O auto-organizador da forma feminina em Charlus, que não é um fractal no indivíduo, já que molda um complemento e não o mes-

19. S. Le Poulichet, *L'oeuvre du temps en psychanalyse*, p. 69.
20. J. Friedler, *Psychanalyse et neurosciences*, p. 265.

mo[21], torna-se um fractal na percepção dos outros que circundam o sujeito que percebe. O efebo será uma "das partes que tem a mesma forma ou estrutura que o todo". Tal qual os óculos proustianos, ele orienta o olhar em uma determinada direção. O narrador proustiano cria então um objeto que, seguindo sua endogênese ou sua exogênese, busca seu complemento ou seu semelhante.

Objeto brilhante e extraordinário, tendo, ao mesmo tempo, características do mito de Aristófanes, do fractal e da auto-organização, de uma idéia do quinto século antes de Cristo, de outra do século dezenove e outra do século vinte, a silhueta gravada na pupila explica uma certa morfodinâmica que exige, ela também, a flecha do tempo.

O narrador proustiano imaginou, assim, um modelo formal aparentemente mais rico do que o da morfodinâmica que age, ao mesmo tempo, dentro e fora e vai um pouco além de sua leitura do conto, que só previa um jogo entre a aparência e o ser, entre a aparência da cadela e o ser da mulher, jogo em que a forma exterior significava a verdadeira conduta das irmãs de Zobeida.

A literatura bem lida enriquece, completa e ultrapassa o que as ciências podem imaginar que seja a psicanálise e aqui a morfodinâmica. Entretanto, os dois campos dialogam, já que não teria lido *Em Busca do Tempo Perdido* desta maneira se não tivesse conhecido Petitot, que foi meu ponto de partida. Não é uma maneira de *dé-lire*[22] a literatura? Os cientistas oferecem um ponto de partida inédito e original que dá a ocasião de alargar o campo deles ou de o tornar mais visível e ao mesmo tempo de entender o texto sob um outro ângulo.

Em que Medida, Essa Descoberta Toca no Problema dos Processos de Criação?

1. Minha análise pôde perceber, inicialmente, um processo de criação comum a vários escritores. As leituras lhes fornecem a matéria inicial, mas as lembranças, já filtradas pelo tempo, retêm alguns elementos aos quais dão outro caminho segundo o objetivo a que se propõe o escritor. Assim, Proust acaba lendo os dois contos acrescentando o movimento, colocando-o no tempo, permutando os elementos, isto é, o modernizando.

21. Fractal. *adj.* Sentido intuitivo. Diz-se de uma figura geométrica ou de um objeto natural que combina as seguintes características: a) Suas partes têm a mesma forna ou a mesma estrutura que o todo, exceto que elas estão numa escala diferente e podem ser ligeiramente defornadas. b) Sua forma é, ou extremamente regular, ou extremamente interrompida ou fragmentada e pemanece assim, qualquer que seja a escala de exame. c) Ele contém "elementos distintivos" cujas escalas são muito variadas e cobrem uma ampla gama. B. Mandelbrot, *Les objets fractals*, p. 154.

22. S. Felman, *La folie de la chose littéraire*, p.125.

2. Em segundo lugar, o narrador proustiano oferece indiretamente a seu leitor uma das chaves que o ajuda a escrever e a compreender as obras artísticas. A outra concepção da sexualidade que ele inaugura, através do filtro do efebo ou da ninfa, não se aplica somente à vida sexual de seus personagens, mas também a seu estilo. Diante dos quadros de Elstir, expostos na casa dos Guermantes, o herói rememora as palavras do pintor: "Todo o valor está nos olhos do pintor"[23] e, no *Cahier* 28, se pergunta por que o motivo, qualquer que seja o assunto, os pássaros, por exemplo, têm sempre o mesmo tipo de vôo e as mulheres a mesma feição[24].

A constante encontrada nos quadros de Elstir, devido provavelmente a um filtro colocado em sua pupila, faz entender, por uma imagem, porque o escritor escreve, rasura e adiciona em 75 cadernos e que gostaria de ter podido ainda continuar a escrever, apesar de sua doença: sua obra não condizia ainda totalmente com o filtro colocado em sua pupila. O inacabamento de uma obra ou a dificuldade de terminá-la, como, por exemplo, Stendhal na maior parte de suas obras, origina-se da inadequação entre o que é escrito e as exigências do filtro. E isso não quer dizer – como acreditava Santo-Agostinho comentando a criação por parte de Deus –, que tudo já está lá ou estava em germe e que bastava ir desenrolando o novelo da obra no curso do tempo. O trabalho é muito mais árduo e exige uma série de tentativas que visualizem o desejo e permitam ao escritor, quase autor, julgá-las, admiti-las ou eliminá-las. A estética do escritor, contida na sua pupila, não é algo estático e admitido de uma vez por todas, mas algo vivo, extremamente sensível aos acontecimentos, algo que sabe captar e distinguir as tendências futuras ainda muito misturadas às do presente é coisa que poucos críticos distinguem. Vale a pena lembrar Sainte-Beuve que captou em Baudelaire uma qualidade rara entre seus contemporâneos – escrever sem paixão – , mas que pediu que ele abandonasse esse tipo de aproximação da

23. M. Proust, *O Caminho de Guermantes*, p. 352.

24. "Por que a sua inspiração fazia com que ele procurasse sempre, como se isso contivesse algo de mais precioso que o resto do mundo, um certo rosto de mulher séria, com uma pureza de traços antigos e com uma expressão quase infantil e também certo arabesco feito pelas asas agudas de um pássaro, de algum modo, passando que, qualquer que fosse o assunto representado, voava quase sempre de sua tela como um uma linha inacabada. Provavelmente, ele não teria sabido responder" (transcrição inédita de Guilherme I. da Silva) - "Pourquoi son inspiration lui faisait-elle toujours rechercher comme s'il contenait quelque chose de plus précieux que le reste du monde un certain visage de femme grave, d'une pureté de traits antiques et d'une expression presque enfantine et aussi certaine arabesque faite par les ailes aigües d'un oiseau en quelque sorte passant qui quel que fût le sujet représenté s'envolait presque toujours de sa toile comme un présage funeste et comme une ligue inachevée. Sans doute, il n'aurait pas su le dire". Idem, *fólio 5* do *Cahier* 28, Cf. Proust, "Esquisse LVI", em ibidem, p. 969.

poesia e voltasse à paixão como todos os outros, para poder escrever bem[25]. Se Sainte-Beuve compreendeu a diferença no poeta da modernidade, não conseguiu enxergar, entretanto, sua excelência.

Proust nos deu, assim, uma das soluções do enigma da criação que me permite avançar em relação ao que eu dizia em 1991, na revista *Manuscrítica nº2*, retomado nos *Bastidores da Criação Literária*. Um escritor não termina seu romance ou seu poema simplesmente porque não sabe concluir ou porque não pára de escutar a voz dos terceiros que o assediam. O inacabado deverá ser creditado também à silhueta, não a de um efebo sexualmente desejável "gravada na sua pupila", mas a de seu correspondente, também desejável, que une a figura do efebo à concepção estética do escritor, instável e raramente fixada para sempre.

3. Enfim, tendo constatado que o efebo "gravado na sua pupila" não tinha ainda conseguido, no sentido metafórico, transformar a forma inicial, provavelmente masculina, em uma forma feminina, deduzo que todo escritor está ligado a essa tarefa. Se partirmos, com efeito, do axioma que toda escritura exige uma atitude passiva de escuta das vozes ouvidas no mundo e nas leituras, o escritor só se tornará autor quando toda a sua escritura tiver passado pelo batismo de passividade. Esta atitude, que Freud caracteriza como uma atitude feminina, pertence a todos os homens, qualquer que seja seu sexo biológico, retifica Lacan. Ela se exercerá quando o escritor tiver metamorfoseado seus primeiros esboços, freqüentemente voluntários, deixando viver neles o que há de mais precioso: a posição daquilo que nunca cessa de não se escrever[26].

Essa atitude explica em parte a escritura sem fim de Proust, ele que, até a morte, se sentia impulsionado a reescrever a *Busca do Tempo Perdido*, sabendo que não era ainda isso o que ele queria; o "ele" não significando o eu do escritor, mas o sujeito da escritura proustiana.

O discurso psicanalítico se junta ao que Valéry já dizia com outras palavras: "A Poesia se forma e se comunica no abandono mais puro ou na espera mais profunda"[27].

25. Charles Sainte-Beuve, "Baudelaire", em *Causeries du Lundi*, p. 93.

26. J. Lacan, *Ainda*, p. 175.

27. P. Valéry, "Théorie poétique et esthétique.Variétés ", em *Oeuvres complètes*, p.1290.

5. Crítica Genética e Psicanálise

Os estudantes em crítica genética têm dificuldade em integrar conceitos da psicanálise nas suas análises de manuscritos e/ou de textos publicados. Nesse capítulo, gostaria de mostrar como os três registros de Jacques Lacan e mais particularmente, o de Real, interagem com o texto literário e indicar a posição de um crítico literário em relação à teoria psicanalítica, da qual não podemos mais prescindir.

Entre 1896-1900, Freud esboçou uma descrição do aparelho psíquico nas cartas a seu amigo Fliess e em 1900 elaborou a primeira tópica no capítulo VII da *Interpretação dos Sonhos*. É a tópica mais conhecida que já faz parte da cultura universal embora deturpada, em que o aparelho psíquico é dividido em três zonas: o consciente, o preconsciente e o inconsciente. Em 1920, constatando a força da repetição e da pulsão de morte, Freud imaginou a segunda tópica composta também de três categorias,– o Eu, o Supereu e o Isso –, mas que dividem o consciente e o inconsciente entre si. Lacan retoma e amplia essas três categorias e assim permite uma compreensão maior da psique, das artes e da literatura[1]. O inconsciente surge do nó constituído pelos registros do Imaginário, do Simbólico e do Real.

O IMAGINÁRIO

A criança de seis meses que não anda, nem fala e que ainda tem o corpo desarticulado, consegue visualizar no espelho uma primeira imagem dela mesma. Lacan chamou esse momento, o estado do espelho. Pelo olhar, a criança identifica-se à imagem vista no espelho, conhecida ilusão ótica. Entretanto, a mesma criança sente a diferença com o corpo da mãe através de sua pele muito mais cedo – é o "moi-peau" (eu-pele) de Didier Anzieu – e se distancia do ser ama-

1. P. Willemart, *Além da Psicanálise: a Literatura e as Artes*, pp. 109, 112 e ss.

do. Esses dois momentos indicam o movimento de registro do Imaginário: união-separação, amor-ódio, fusão-agressividade.

Na Literatura

Já que o Imaginário é o registro que unifica as partes dispersas, exercendo a pulsão de amor ou de união, ele dá e organiza o sentido, estabelecendo a coerência do romance ou da poesia; portanto, ele separa, rejeita, se distancia de outras visões do mundo e da tradição literária ou filosófica e valoriza o novo no texto. O leitor dos 75 *Cadernos* de rascunhos de Proust tem, muitas vezes, uma impressão de trechos sem lógica e de páginas sem conexões e, no entanto, Proust nos deu o melhor romance da literatura francesa do século XX. É o registro do Imaginário que separando ou reunindo os fólios, trabalhou durante a escritura dos rascunhos para oferecer ao público esse romance maravilhoso.

Como estabelecer a convivência entre pessoas que vivem o amor e o ódio, a distância e a união, a agressividade e a fusão? Como Proust chegou a separar as folhas ou articular os trechos interessantes para a constituição de seu romance e não deixar a massa acumulada como estava?

Pelo registro do Simbólico que obriga o Imaginário a seguir as leis da linguagem, respeitar a ordem da sintaxe e seguir leis e contratos.

O Simbólico

"[...] todo sujeito determina-se pela sua pertença a uma ordem simbólica [...] o reconhecimento dessa pertença é fonte para o sujeito de um dilaceramento original e de uma inelutável neurose"[2].

O fato de nascer, entrar numa família e num país, obriga o sujeito a ex-sistir, a sair do Imaginário e viver dividido entre suas pulsões, seu querer imaginário, suas vontades de ódio e de amor e à submissão ao Simbólico.

"A função simbólica constitui um universo no interior do qual tudo o que é humano tem de ordenar-se"[3]. Ordenar quer dizer colocar os elementos um após o outro, entre o número anterior e o posterior, 1, 2, 3, 4...; ordenar quer dizer também entrar num lugar determinado e numa estrutura sem levar em conta o conteúdo, mas sim a posição (é o conceito de valor em Saussure). Hoje, meu leitor é estudante, mora em casa, é noivo ou noiva, vota em tal partido; amanhã será professor/a, advogado/a, pesquisador/a, petebista, PSdebista/

2. E. Roudinesco, *Jacques Lacan*, pp.288-289.
3. J. Lacan, *O Eu na Teoria de Freud e na Técnica da Psicanálise*, p.44.

e segundo a posição na sociedade, assume atitudes diversas que não refletem necessariamente seu desejo profundo, mas que são inerentes a seu cargo, a seu lugar na profissão, num partido ou na família. Isto é, sua posição na cadeia familiar, profissional ou associativa o/a obrigará a viver segundo tais ou tais valores.

Na Literatura

Além de submeterem-se à linguagem, o autor e seu livro se inserem:

1. numa tradição editorial, em tal coleção com impressão popular ou erudita, numa paginação ocidental ou oriental, num papel nobre ou reciclado. Essa posição motiva a edição crítica e a codicologia, o estudo do papel e de seus fabricantes, da tinta e das filigranas.

2. na história da literatura contextualizada econômica e socialmente e, portanto, continua ou vai de encontro com a tradição anterior. Pierre Bourdieu analisou essas oposições necessárias em *Les règles de l'art*[4] contrariando em grande parte os estudos do texto pelo texto.

3. num campo literário específico: romance, poesia, teatro ou num gênero complexo como Mallarmé em *Um Lance de Dados* ou Aragon em *Le fou d'Elsa*.

4. na sucessão dos desejos de gerações, transmitidos pelos discursos sucessivos, ouvidos na infância pelo escritor desde a família até os autores lidos, passando pelos educadores, políticos, cientistas e artistas admirados.

5. numa economia de mercado ou de distribuição com público determinado e preço adequado.

6. nas características do livro no mundo ocidental: capa, contracapa, prefácio, introdução, capítulos, páginas, parágrafos, palavras e brancos e, se for ficção, contendo personagens, paixões, tempo, espaço que se ordenam entre si ou com os outros elementos.

Mas a função simbólica é ela mesma decorrência de uma tentativa do homem para não sofrer demais com a libido, os desejos, as pulsões, as paixões, o desconhecido, esse conjunto de forças[5] ou de instabilidades[6], que dificilmente se incorporam ao Simbólico.

Como diz Lacan, ex-sistimos, vivemos no Simbólico como estrangeiros, até como estranhos, mas o que somos, esse conjunto de

4. P. Bourdieu, *As Regras da Arte*.

5. Os cientistas e os homens cultos do século XIX, inpirados pela descoberta da máquina a vapor e da termodinâmica, integraram esse conceito nos seus campos respectivos.

6. Prigogine reviu a termodinâmica e a entropia no século XX e preferiu usar os conceitos de instabilidade gerando estabilidade, oferecendo assim uma nova visão do universo.

instabilidades, nos apavora ou angustia (Kierkegaard). Lacan nomeou esse conjunto de Real. Forçando um pouco, diria que o Simbólico decorre da visão cartesiana, racional ou psicológica do homem e o conjunto dos registros, Real, Simbólico, Imaginário – o RSI – da atitude psicanalítica diante do homem.

O Real

É a descoberta de Lacan na qual vou me deter mais. O Real constitui o mistério do inconsciente[7], o "campo daquilo que subsiste fora da simbolização e que não espera nada da palavra"[8]. "Não temos outros meios para apreendê-lo a não ser por intermédio do Simbólico"[9]. "Ele vige sempre por trás do automaton"[10] ou da repetição. Formado pelas experiências eróticas vividas, experiências mortas, portanto, mas que deixaram marcas, restos, "*différance*", o Real determina o Imaginário e o Simbólico e, como o registro do Simbólico, ultrapassa o indivíduo[11].

Como os homens e os cientistas do ocidente conceituavam o Real antes de Lacan?

Quem consulta o horóscopo todos os dias ou quer saber de seu futuro pelos búzios ou cartas ou quem pede ajuda aos candomblés, vive essa angústia reivindicada por Kierkegaard contra Kant.

O homem tenta captar esse desconhecido que trabalha numa zona misteriosa e que recebeu nomes dos mais variados na história da humanidade, há séculos. Na civilização ocidental, foi batizado com o nome de diabo (ver o Mefistófeles de *Faust*), bruxo ou bruxa e envolvia a magia branca e negra. Para lutar contra ele, a Igreja Católica inventou a função de exorcista, o padre que tem o poder de expulsar os demônios.

As diferentes crenças ou religiões têm seus meios de lutar, conter ou contar com essas entidades. Lembremos dos orixás dos cultos afro-brasileiros, os búzios e suas duzentas redes narrativas nas quais se encaixam os consultantes[12], os pajés que conseguem lidar com esses mistérios, os astrólogos ou as cartomantes. O mundo oriental tem *O Livro das Mutações*, seus trigramas e hexagramas que inspiraram Max Martim, poeta de Belém[13].

7. J. Lacan, *A Transferência*, p. 178.

8. Idem, *Écrits*, p. 388.

9. Idem, *O Eu na Teoria de Freud e na Técnica da Psicanálise*, p.128.

10. Idem, *Os Quatro Conceitos Fundamentais da Psicanálise*, p. 56.

11. P. Willemart, "Instabilidade e Estabilidade dos Processos de Criação no Manuscrito", *Manuscrítica* 6, pp.21-44.

12. Pesquisa inédita de Heloísa Prieto do Laboratório do Manuscrito Literário.

13. Pesquisa inédita de Mariano Klautau, membro do Centro de Estudos de Crítica Genética da PUC-SP.

No entanto, a ciência tentava cercar esse mistério desde o século XVIII[14].

Um amigo de Mozart, Franz Anton Mesmer (1734-1815), médico formado na Faculdade de Viena, defendia o magnetismo e pretendia substituir o exorcismo da Igreja.

A cura magnética restabelece a circulação dos fluidos (o fluido universal circula no mundo humano e animal). Por meio de seus passes, toques e o fluido magnético emanando de seus olhos, o magnetizador coloca o doente em estado de sonambulismo e provoca crises convulsivas. Para as curas coletivas, usava uma bacia cheia de vidros, de pedaços de garrafas e de barras de ferro. As pontas emergem para tocar os doentes ligados entre eles por uma corda que permite a circulação do fluido.

Expulso de Viena, Mesmer foge para a França onde o rei Louis XVI lhe oferece um castelo para continuar suas experiências.

O Marquês de Puységur (1751-1825) revela a natureza psicológica da relação, isto é, a origem individual do fenômeno, recusa a teoria do fluido e substitui a cura magnética por um estado de sono acordado ou de sonambulismo para ter acesso a essa zona[15].

Em 1840, o inglês Jaimes Braid (1840) abandona o magnetismo para o hipnotismo, recusa também a teoria fluídica e lhe substitui a noção de estimulação fisiológica. Abandonando a técnica dos passes de Mesmer, ele usa a fixação num objeto brilhante[16], sem a intervenção de um olhar personalizado. Braid inspira-se nas idéias de Gall sobre a frenologia: cada região do córtex cerebral corresponde a uma faculdade precisa, apertando-se tal região provoca-se tal sentimento. O francês Broca usa o hipnotismo como método de anestesia e junto com Charcot, faz a ligação entre a doutrina das localizações e a da hipnose.

Liebault e Hippolyte Bernheim (1840-1919) da Escola de Nancy insistem na hipnose pela palavra e não pelo olhar. Praticam uma clínica da sugestão pela palavra, diferente, no entanto, de Charcot que a usava para fins de demonstração. Freud visita Berheim, o traduz e mantém de sua postura a posição deitada e a clínica da palavra do analisando.

Guy de Maupassant assiste às aulas de Charcot de 1884 a 1886 no hospital da Salpêtrière, e provavelmente encontra o jovem Freud que também presencia as demonstrações do mestre, de outubro 1885 a fevereiro 1886. Maupassant escreve *Le Horla* em 1886, conto no qual

14. Essa parte histórica está dispersa em vários verbetes do *Dictionnaire de la psychanalyse* de E. Roudinesco.

15. Idem, ibidem, p. 666 e Idem, *Histoire de la Psychanalyse en France*, pp.51-86

16. No conto, *A Filha Invisível*, Hoffmann, captando essa nova aquisição científica, encena a obra-prima de Mestre Abraão, herdeiro de um outro mágico, Severino. "Uma bola de vidro o mais fino e o mais transparente, estava suspensa no meio do quarto e ouvia-se sair dessa bola como um sopro leve, as respostas que endereçava à moça invisível". A bola capta o olhar como o autômato. O mesmo dispositivo secreto, uma maquinaria ótica-acústica da qual a extremidade está mantida por uma moça anã que detém a força profética.

o narrador-personagem conhece Mesmer e a Escola de Nancy e descreve, pela primeira vez na literatura, uma entidade misteriosa levada para França por um navio brasileiro vindo de São Paulo, que ancorou no porto de Le Havre; era a avant-première do inconsciente que será freudiano, segundo Roudinesco[17]. Freud, indo aos Estados-Unidos, achava que levava a peste; Maupassant já descrevia essa instância com vida própria e a assimilava ao cólera. Em 1895, Freud publica *Estudos sobre a Histeria* seguido de *A Interpretação dos Sonhos*.

Todas as práticas do espiritismo, dos cultos afro-brasileiros, das diferentes magias, do shamanismo e dos pajés ecoam na história das relações do homem com o desconhecido.

O Imaginário e o Simbólico são dois registros fáceis de explicar, mas o Real continua misterioso, embora presente antes de Freud e de Lacan sob as espécies do diabo, do desconhecido, do mistério, do mal, de uma presença incômoda, de uma doença, de uma anormalidade, enfim do inconsciente freudiano e do impossível de dizer em Lacan[18].

QUAL É A PORTA DE ENTRADA NO REGISTRO DO REAL?[19]

O registro do Real nos caracteriza individualmente, isto é, induz a maneira de viver e de perder o gozo, mas, não querendo saber de perda nem de gozo, o projetamos nos significantes enumerados na pesquisa histórica. Lacan chama nossa maneira individual de gozar, S_1 ou traço unário.

O gozo é detectado na repetição e contido essencialmente no traço unário[20]. Ele comemora uma irrupção do gozo[21] e integra o significante que nos distingue de todos, o nome próprio. É por isso que nos apegamos tanto ao nosso nome (nome e sobrenome). É o único significante que resume e soma todas essas experiências de gozo perdidas que nos caracterizam. É um matiz ou um tipo de fórmula unívoca que todos entendem. Um dos motivos da agressividade conhecida das crianças adotadas está nessa mudança de nomes e do atrito inconsciente entre o nome antigo e o que ele subentende e o nome dos pais adotivos.

17. E. Roudinesco, *Histoire de la Psychanalyse en France*, p. 82.

18. Idem, *Histoire de la psychanalyse en France*, I, p. 131 e *J. Lacan*, p. 288 e 289.

19. Esse trecho sobre o gozo é retomado de J.-A. Miller em *Comentario del Seminario Inexistente*.

20. O traço unário se escreve (-1) ou S_1 (Significante Amo) ou impossibilidade de ausência de carência. Por exemplo, -(-m) = mamífero, isto é, a impossibilidade de ausência da mama. Essa classificação moderna dos animais por exclusão segue a lógica matemática de Gottlob Frege (1848-1925). R. Chiaretta. Aula do 26 de outubro de 1984 (inédita).

21. J. Lacan, *O Avesso da Psicanálise*, trad. Ari Roitman, p.73.

PORQUE E QUANDO PERDEMOS O GOZO?

A perda do gozo não acontece por ter se sentido culpado vivendo o Édipo como Freud explicou nessa bela história retomada aos Gregos, o mito de Édipo. A Lei da proibição do incesto é um semblante que cobre nosso ser de gozo. A perda acontece por duas razões:

1. Porque o gozo, diferente do prazer, leva à dor se for continuado, é o equivalente ao desprazer. É o caminho do autor Sade, da personagem Charlus e dos/as perversos/as vivendo a pulsão sado-masoquista. E não são poucos. Muitas mães têm essa tendência já detectada por Freud e constatada todos os dias. A maioria das mães diz que se sacrifica pelos filhos, cobertura bonita que Freud lê como o exercício desta pulsão sado-masoquista. Infelizmente, há pouca diferença entre sacrificar-se pelos filhos e estragar a formação deles. No entanto, muitos de nós, senão todos, vivem essa pulsão, indo além do prazer, através do sintoma que nos faz sofrer, visível na repetição de gestos, atitudes ou palavras ou de estados e que nos levam até o divã, o confessional, o psiquiatra, a curandeira, os búzios, a droga, o fumo, a bebida etc.

2. Porque a linguagem mortifica o gozo; falando do gozo, ele já entra na estrutura simbólica da linguagem e perde sua força, sua instabilidade e seu sabor.

COMO O REAL ESTÁ PRESENTE NOS TEXTOS LITERÁRIOS E COMO DETECTÁ-LO?

Trabalhei esta resposta em "A Pequena Letra" e "Além da Psicanálise", na revista *Manuscrítica* n°s 5, 6 e 7, em *Genèse* nº 8, na *Revista USP* nº 31, em *Corpo e Sentido*, I. A. Silva (org.) e em *Biffures* nº 1 (Montréal).

Não posso resumir, aqui, esta longa reflexão, mas apenas indicar algumas pistas.

Se raciocinarmos em termos de espaço percorrido – imaginemos o sujeito do inconsciente que, parecido com o narrador de Rabelais passeando na língua de sua personagem Pantagruel, descobre novos mundos – o sujeito tenta franquear a fronteira entre o Real e o Simbólico e invade o Real, este "i-mundo" desconhecido e não simbolizado, bem diferente do mundo do Renascimento.

Se raciocinarmos em termos do nó formado de três cordas representando os três registros, o sujeito-escritor afrouxa o nó que liga os três registros e cria um novo espaço.

Segundo a formação do escritor ou segundo a forte ou fraca estruturação dos três registros, esta invasão é mais ou menos profunda ou, utilizando a segunda metáfora, o espaço é mais ou menos aberto, mas, de qualquer maneira, o escritor retoma contato com os momentos de perda das experiências gozantes do corpo contidas no Real, realimenta-se, volta a um estado que corresponde à formação do sujeito antes da aquisição efetiva da linguagem, ou antes da imersão na linguagem. Em outras palavras, o escritor retoma contato com o que Freud chamava *Das Ding*, (A Coisa), esse gozo que imaginamos ter tido no útero da mãe e que constitui, segundo Lacan, o parâmetro de todos os gozos posteriores[22].

Como estas descobertas são visíveis no texto literário? Justamente pelo novo, a originalidade, a criação de personagens, a diferença com o Simbólico anterior, a visão divergente, as respostas inéditas às mesmas perguntas do homem, a capacidade de apresentar a realidade de uma outra maneira, a invenção de outro tipo de escritura, de outra maneira de narrar, a integração, na ficção, das técnicas, das idéias filosóficas, científicas, políticas, sociológicas etc.

O Real é captado por meio da ficção, ou melhor, da escritura rascunhada, rasurada e recomeçada. É através da língua usada que o Real se manifesta. Se Mesmer usava passes, a Igreja a figura do demônio, Puységur e Berheim, o hipnotismo, Freud, Lacan e os psicanalistas, o sonho e a narrativa do analisando, o escritor utiliza a escritura como meio de revelar o Real, impossível de ser dito.

O crítico literário, usando a teoria psicanalítica, tem como primeira função descobrir qual é o pedaço de Real que o escritor ou o poeta anuncia. Por isso, deverá em primeiro lugar situar a obra no seu contexto histórico, na corrente das idéias e das mentalidades, na história da retórica e das figuras de estilos, para descobrir em qual Simbólico ela se insere. Só então ele poderá detectar o que essa escritura traz de novo no estilo, como Proust em Flaubert ou Genette em Proust ou na visão do homem como Kristeva em Barthes, Aragon e Sartre ou Cleusa Rios P. Passos em Guimarães Rosa ou cada um de nós no seu autor etc. Mas o leitor poderia objetar que todos os críticos pratiquem a psicanálise sem saber, como Monsieur Jourdan, a poesia e a prosa?

Não, justamente, não procuramos qualquer novidade ou ineditismo. Procuramos especialmente pedaços de Real – des bouts de Réel –, elementos que estão sempre ligados a paixões e especialmente às três paixões segundo Lacan, *as paixões da ignorância*[23], *do amor e do ódio*. Procuramos elementos que nos ensinem um pouco mais sobre o funcionamento do gozo ou de sua perda, definição psicanalítica do "desconhecido, do mal, do *Le Horla*, do demônio, do mistério etc." e das consequências de sua ação na vida do homem.

Por que, por exemplo, um adolescente mata o pai e a mãe e, em seguida, colegas do colégio, como aconteceu em maio de 1998 nos

22. J. Lacan, *A Ética da Psicanálise*, p. 69.
23. Idem, *Ainda*, p.164.

Estados Unidos? Qual é o romancista que, ficcionalisando a realidade ou que colocando este fato na dimensão poética, vai tocar neste mistério e, talvez, dar um sentido ou uma interpretação aceitável? Não será um psicanalista ou um psiquiatra. Esses tentarão normalmente encaixar o fato nas categorias de Freud, Lacan, Bion, Winnicott ou Kraepelin. Somente o escritor, que poderia ser um psicanalista, deixando-se levar pela escritura, encontrará um sentido. Acredito no poder da palavra escrita que, ultrapassando qualquer teoria, filosófica, teológica, sociológica, política, psicológica ou psicanalítica, poderá dar uma visão suficientemente ampla para sustentar qualquer problema enfrentado pelo homem. É o sentido da *Bíblia*, da *Odisséia*, das tragédias gregas e clássicas e, particularmente da história de Édipo, e de toda boa ficção que, sucedendo aos mitos ou integrando-os, enredam os fatos numa narrativa e permitem aos homens suportar a realidade, esse Real empírico que cobre o Real. Da história dos povos, judeo, árabe e grego até os seguidores de António Conselheiro, dos primeiros letrados até os intelectuais de hoje, as narrativas e as redes nos sustentam. É assim que vejo o papel do crítico utilizando a psicanálise como referência e marcando o seu lugar na sociedade.

Analisar os autores, sim, mas não, em primeiro lugar, para defender uma tese ou cumprir um plano ou executar um projeto Fapesp ou CNPq; não para delinear os fantasmas do escritor ou confirmar dados da teoria psicanalítica. Analisar as obras para descobrir um dos sentidos dados a eventos determinados que tocam em geral às relações entre os seres, já que tratamos de paixões[24]; encontrar um sentido ou uma rede explicativa inédita em relação aos autores anteriores, que esclarecem melhor essas relações. A nossa análise parte das paixões e não de estruturas socioeconômicas ou de uma ideologia social ou religiosa, marxista, cristã ou outra. Podemos chegar a estas estruturas, mas partindo da singularidade das paixões, não vividas porque é ficção, mas descritas, com a vantagem de basear a leitura, a interpretação ou a rede explicativa num conflito ligado a um desejo e a paixões de uma ou várias personagens, encenadas de uma certa maneira pelo autor e visando uma certa beleza.

24. J. Kristeva, *Histoires d'amour*.

6. Como se Constitui a Escritura Literária?

Prolongando as reflexões do Laboratório do Manuscrito Literário sobre o conceito de criação[1], sustentarei que a lingüística, a psicanálise e a filosofia não esgotam a constituição da escritura literária, não negando, porém, as intervenções do sujeito do inconsciente e do sujeito empírico. Precisamos de outros conceitos para entender a constituição da escritura literária e tornar inteligíveis esses processos que estão na origem de qualquer criação.

Jacques Derrida, comentando o *Bloco Mágico* de Freud, chegou a dar uma tal autonomia à escritura que via nela um sujeito agindo:

> O "sujeito" da escritura não existe se entendemos por isso alguma solidão soberana do escritor. O sujeito da escritura é um *sistema* de relações entre as camadas: do bloco mágico, do psíquico, da sociedade, do mundo. No interior desta cena, é impossível encontrar a simplicidade pontual do sujeito clássico[2].

Diferenciar o sujeito "clássico" do sujeito da escritura é tentador já que marca bem a distância entre o sujeito que opera na escritura e os efeitos da operação visíveis no manuscrito, mas não seguirei Derrida neste ponto, uma vez que o leitor, por mais que ele conheça a obra do filósofo, dificilmente imagina um sujeito da escritura dispu-

1. C. A. Pino, "O Conceito de 'Criação', Segundo o Laboratório do Manuscrito Literário", *Fronteiras da Criação*, p. 130.

2. J. Derrida. *A Escritura e a Diferença*, p. 222.

tando o campo do sujeito freudiano dividido. Usarei o conceito de "escritura literária", menos problemático, que implica, entretanto, o uso das figuras de estilo ou a entrada do sujeito escritor na função poética, como exemplifiquei com os manuscritos de *Salammbô* de Flaubert[3].

O inconsciente aparece e desaparece, dá sentido a um significante e some, até reaparecer em outro momento no discurso, dançando de lapso em lapso, de sonho em sonho ou, mais intensamente, no discurso associativo no divã. A escritura literária se constitui no decorrer das idas e vindas da mente do escritor ao manuscrito, por sua mão. Em outras palavras, os significantes do inconsciente não são os significantes lingüísticos. A escritura literária, embora use o mesmo estratagema, constrói-se ao longo dos manuscritos, enquanto o inconsciente, ou melhor, o saber do inconsciente[4] ou o mapa erótico do sujeito, age continuamente na sua mesmidade.

O inconsciente se sustenta do desejo e da articulação dos registros do Real, do Simbólico e do Imaginário, enquanto a escritura literária se sustenta essencialmente do código da língua usada e ex-siste. Embora ela mantenha um diálogo constante com o sujeito do inconsciente e com o sujeito empírico, a escritura está numa posição de exterioridade.

Contrariamente ao que se pensa, a escritura literária não representa o escritor, cujo retrato consta na capa dos romances. Os dez mil fólios rascunhados por Flaubert ou os 75 cadernos de rascunhos escritos por Proust, manifestam o difícil nascimento da escritura literária.

A cada rasura[5], a escritura literária surge, o que implica no abandono total da crítica biográfica ou da psicobiografia, tão cara a muitos psicanalistas. Embora pareça que a cada supressão ou acréscimo, o escritor exponha suas pulsões; sua vida pessoal; seus problemas; sua estrutura psíquica; suas intenções primeiras, o estudo do manuscrito mostra que, quando inicia o processo de escritura, o escritor persegue, ou melhor, é perseguido pelo que chamei um "primeiro texto".

Obsessivamente, o escritor procura dizer esse primeiro texto que o empurra. O que representa esse conceito? Não se define em termos racionais como "quero contar a história de um vaqueiro que cai no cangaço" (*Grande Sertão: Veredas*) ou "quero contar a relação amorosa entre uma governanta e seu aluno" (*Amar, Verbo Intransitivo*); não é um projeto de tese de doutoramento nem o plano que às vezes

3. P. Willemart, "A Imersão na Escritura nos Incipit de Salammbô", em *Bastidores da Criação Literária*, p.19.

4. "saber no que ele está no lugar da verdade". J. Lacan, *Ainda*, p.123.

5. Tomaremos o conceito de rasura no sentido amplo da palavra, isto é, como cobrindo qualquer mudança na primeira escritura. Pode ser uma palavra riscada, um acréscimo importante preenchendo um branco, a supressão de um parágrafo ou mesmo um capítulo sem manifestação gráfica na versão seguinte.

encontramos na primeira página do manuscrito. Como enunciei no *Universo da Criação Literária*,

> o escritor, para não dizer o artista em geral, particularmente sensível à tradição cultural e ao mundo em que vive, retém de forma singular informações e sensações do passado e do presente. Os elementos detidos nesse filtro particular formam um entrelaçamento ou um nó, que de certo modo bloqueia o desejo do artista e o incomoda. Desse bloqueio ou dessa barreira nascem o primeiro texto e o autor. Não há, portanto, um primeiro texto escrito em alguma parte e transmitido por uma musa a um escritor atento, mas uma lenta aglutinação de elementos que, depois de um certo tempo, devem ser ditos e escritos. Como o neurótico, angustiado com seu sintoma, recorre ao psicanalista, assim o escritor, querendo livrar-se dessa placa retida, começa sua campanha de redações, não impelido, mas atraído pelo desejo[6].

O que me induzira a escrever em *Além da Psicanálise* que

> Não será em termos de espaço que definirei a origem da escritura, mas em termos de texto que se constrói e se desconstrói a todo o momento, segundo sua passagem pela representação. Texto instável por sua mudança, mas estável por ser ligado ao grão de gozo – "texto móvel", portanto – o substantivo, insistindo na sua identidade e determinando-o no jogo permanente de construção-desconstrução. Este texto móvel mantém, por outro lado, as conotações de isolamento, de anterioridade e de esquecimento dos três espaços descritos por Oury em *Création et schizophrénie*, o sítio, a caverna cercada do esquecimento e a fábrica dos prés. Escapamos assim das coações kantianas do tempo e do espaço, demais dependentes da geometria euclidiana, e preferimos a figura da corda, com mais de quatro dimensões, sustentada entre outros por Stephen Hawking. Isolado e esquecido, o texto-corda esconde todas as suas riquezas, mas, uma vez pego pelo escritor atento, o "texto móvel" desdobra suas múltiplas dimensões e desencadeia a escritura[7].

Essa condição inicial mais forte, da qual depende o romance ou o poema, subentende qualquer rascunho e acompanha o manuscrito até a entrega ao editor. Necessário, porque suscita a escritura, contingente, porque desaparece naturalmente no final do manuscrito, o texto móvel indica um processo paralelo de sublimação no escritor[8]. Entre o início da escritura e o ponto final, "o primeiro texto" – atravessando todas as zonas de instabilidade do manuscrito – se modifica, se desestabiliza, mas deixa-se reconhecer, nos seus efeitos, por um crítico atento[9]. A posição do narrador no início da *Busca do Tempo Perdido* é um exemplo probante:

> Durante o sono, não havia cessado de refletir sobre o que acabara de ler, mas essas reflexões tinham assumido uma feição um tanto particular; parecia-me que eu era o assunto de que tratava o livro: uma igreja, um quarteto, a rivalidade entre Francisco I e Carlos V·.

6. P. Willemart, *Universo da Criação Literária*, p. 92.
7. Idem, *Além da Psicanálise: as Artes e a Literatura*, p. 102.
8. Idem, *Universo da Criação Literária*, p. 97.
9. Idem, *Au-delà de la psychanalyse: la littérature et les arts*, p. 157.

Duas matizes, entretanto:

1. A escuta da pequena música de Vinteuil por Swann lhe faz encontrar "um primeiro texto ouvido" – escuta um outro que goza. Não se trata de negar a importância da leitura; trata-se de acrescentar pelo menos a escuta decorrente da pulsão do ouvir. Assim, podemos substituir o conceito de "primeiro texto lido" pelo de "'texto móvel'" que pode ser, ao mesmo tempo, lido e escutado com a vantagem de ser profundamente adaptável às circunstâncias e ao ritmo da leitura e da escuta[10].

2. Os manuscritos demonstram o quanto o escritor, o poeta ou a criança engajando-se, na escritura, são forçados a deixar de lado os problemas pessoais que bloqueiam o desejo, para se concentrar apenas no "primeiro texto"; a concentração é tão forte que a carga pulsional contrária ao desejo de escrever é relativizada.

Primeiro texto, primeiro texto lido, primeiro texto escutado, "texto móvel", tal foi a evolução do conceito no decorrer da pesquisa dos manuscritos.

O "TEXTO MÓVEL".

O texto móvel que substitui o conceito romântico de "musa", submete o escritor, feminiza-o; dá a ele esse "odor de femina", característica que impregna o possuidor da carta roubada de Poe no conto do mesmo nome; inicia sua trajetória bem antes de chegar à página; leva-o aonde não queria; obriga-o a dar mil voltas ou bifurcações e, freqüentemente, conduz a narrativa sem que ele perceba. Em outras palavras, o "texto móvel" força o escritor a descobrir, aos poucos, o caminho da escritura e a administrar o pedaço de Real envolvido no "texto móvel". O registro do Real, segundo Lacan, compreende toda a realidade não falada[11] ou não traduzida em símbolos, mas o artista, porque artista, tem a força de apreender um pedaço dele através o exercício de sua arte, o *poiein* de Valéry.

O narrador proustiano imaginou um procedimento parecido, analisado no capítulo quatro, quando elaborou sua teoria da sexualidade na construção da personagem do barão de Charlus atribuindo-lhe a forma de um efebo incrustado na pupila.

Efebo no olho ou "texto móvel" na mente são metáforas que significam a maneira com a qual o artista é trabalhado.

10. Idem, *Proust, Poeta e Psicanalista*, p. 214.
11. C. R. P. Passos, *O Contar Desmanchando ... Artifícios de Rosa*, p.1.

Lacan queria ilustrar o automatismo de repetição com o conto, já citado, de Poe. Vejo o "texto móvel" com a mesma função. Carregado de sentidos "desconhecidos" do escritor, o "texto móvel" insiste até estar completamente esvaziado e tornar-se um espaço oco sem mais poder sobre o escritor, a ponto de liberá-lo, deixando-o entregar o texto ao editor. Nesse sentido, a escritura se assemelha à análise: esvaziar os significantes que incomodam o desejo do autor.

Do que é Constituído o Primeiro Texto ou o "Texto Móvel"?

Diferente da carta desviada de Poe podemos suspeitar de algumas características:

1. O "texto móvel" é ligado ao afeto: Jean Starobinsky falava de "uma origem trágica anterior ao poema" a respeito de Pierre-Jean Jouve[12]; Gilles Deleuze dizia mais ou menos a mesma coisa sobre Proust "Precisa em primeiro lugar experimentar o efeito violento de um signo e que o pensamento seja forçado a procurar o sentido do signo"[13]; Ricoeur, comentando o mesmo autor, escreve "A obra de arte, considerada na sua origem, não é o produto do artesão das palavras, ela nos antecede, ela deve ser descoberta – nesse aspecto, criar é traduzir"[14]; Valéry salienta "a importância da relação entre a gênese de um texto e a arqueologia do sentimento"[15] e que "todo um trabalho se faz em nós sem nosso conhecimento [...]nosso estado consciente é um quarto que arrumam em nossa ausência"[16].

2. O "texto móvel" se deixa moldar por um grão de gozo como Swann se deixava moldar pela forma musical da pequena música de Vinteuil: Swann experimentava "uma estranha embriaguez [...] em despojar o mais íntimo de sua alma de todos os recursos do raciocínio e fazê-la passar sozinha pelo filtro obscuro do som"![17]

Posso imaginar o texto e o grão de gozo em contato contínuo, como na fita de Moebius, na qual qualquer que seja o lado as formigas se encontram (Figura 5). Swann, escutando a pequena música de Vinteuil, reúne-se com um outro que goza ao ouvi-lo. (il jouit! e J'oüis!) A metáfora proustiana é esclarecedora: como a alma de Swann passa eroticamente pelo filtro do som, assim, o primeiro texto passa pelo

12. *La Quinzaine Littéraire*, 15/1/88, p.16.

13. G. Deleuze, *Proust et les signes*, p. 32.

14. P. Ricoeur, *Temps et récit. II La configuration du temps dans le récit de fiction*, p. 214.

15. P. Valéry, *A l'oeuvre*, p. 127.

16. Idem, *Cahiers*, p. 355.

17. M. Proust, *No Caminho de Swann*, p. 232.

Figura 5: Fita de Maebius, a partir de gravura de M. C. Escher.

filtro do gozo. Não é outra coisa que dirá Lacan mais tarde no Seminário *Encore* segundo Jacques-Alain Miller: "precisa do sexto paradigma do gozo para que a linguagem e sua estrutura, que eram tratados como um dado primário, apareçam como secundários e derivados [...] da *lalíngua* e do gozo"[18]. Uma vez mais, reconhecemos com Freud que "os poetas e romancistas são no conhecimento da alma, nossos mestres porque eles se abastecem a fontes inacessíveis às ciências"[19].

3. O "texto móvel" não tem forma e é parecido ao que dá origem à fabricação da concha do molusco comentada por Valéry[20]. O manuscrito emana do "texto móvel", como a concha segregada pelo molusco emana de uma forma informe desconhecida[21].

Como Age o "Texto Móvel"?

1. Diferente da carta desviada (en souffrance) do conto de Poe, que não sofre mudança no tempo, o "texto móvel" – na medida em que passa pela representação no manuscrito ou entrando no registro do imaginário, adquire um sentido – destrói-se, sofre um desvaneci-

18. Jacques-Alain Miller, " Les paradigmes de la jouissance ", *Reuve de psychanalyse*, p. 25.

19. S. Freud, em *Delírios e Sonhos na <Gradiva> de Jensen e Outros Trabalhos*.

20. P. Valéry, " L'homme et la coquille ", em *Oeuvres complètes*, 1, pp.886-907.

21. Sabemos hoje que essa forma informe estaria contida nos lipídios, no RNA (esqueleto de açúcar e de fosfato) ou no PNA (glicina), primeiros elementos formadores do DNA, fornecedor das informações do código genético. I. Gerhardt, "As Moléculas e a Origem da Vida", *Caderno Mais. Folha de S. Paulo*, 16 de julho de 2000, pp. 26-28.

mento (Lacan) – como o sujeito do inconsciente – e volta à sua forma informe, imersa no grão de gozo que determina sua estabilidade.

2. Segunda diferença: o texto móvel reaparece não quando o Ministro, a Polícia ou Dupin tentam roubá-lo, mas quando o escritor[22], parando, hesitando, rasurando, deixa um espaço, um tempo não preenchido, no qual ele aproveita para surgir tal uma fada exibindo um diamante. O escritor, portanto, abre a porta, não para se deixar roubar, mas para se deixar guiar por ele como os poetas outrora aguardavam a inspiração.

Nesse sentido, todos os autores e os críticos são apenas efeitos da escritura sem por isso operar somente como sujeito do inconsciente.

Objeção à Existência do "Texto Móvel"

O verso do último poema de Mallarmé "Todo pensamento emite um lance de dados" não dificulta a existência do "texto móvel?"

Contrariamente ao pensamento que está nas mãos do inconsciente e que opera segundo as leis do sonho encontradas por Freud (o deslocamento, a condensação e a figurabilidade), mergulhando no gozo, a escritura enroupa um grão de gozo. Este marca a continuidade da escritura e define a característica invariante que distingue um conto de outro, um poema de outro. O conceito de "texto móvel" tem a vantagem de adicionar o imprevisível ao previsível, com o inconveniente de que o previsível será percebido somente no final da escritura. Não será, portanto, previsível segundo a lógica científica, mas sim segundo a lógica psicanalítica do "só depois" e do "teria sido". Em outras palavras, conhecendo o texto publicado e lendo o manuscrito, o crítico poderá "prever" o desenrolar da escritura.

O mesmo fenômeno acontece no decorrer de uma análise se o conceito de "texto móvel" for aplicado ao processo analítico já que é no "só depois" que as duas histórias adquirem uma lógica "inteligível". No entanto, numa análise, os resultados não são inteiramente checáveis porque os problemas se resolvem, em parte, pelo sujeito do inconsciente sem a intervenção do analisando, contrariamente à escritura na qual a instância do autor intervém sempre, pelo menos para confirmar o trabalho do *scriptor*.

22. Para entender os passos seguidos pelo escritor, os estudiosos do manuscrito diferenciam o escritor, que inicia a escritura com seu plano, do autor que a conclui, geralmente com um texto completamente diferente daquele pensado no começo. Entre essas instâncias, introduzimos a do *scriptor*, que escreve atendendo às ordens dos terceiros (tradição, cultura, pessoas encontradas ou consultadas etc.) e as pressões do texto móvel.

Resultados da Imbricação do Texto Móvel com o Texto Escrito, Manuscrito ou Publicado.

O gozo faz parte do registro do Real e motiva qualquer atividade humana, mas, atravessando a escritura, isto é, submetendo-se à sintaxe, ao léxico, à tradição, aos ditados dos terceiros, o escritor vai além, tenta entender e tornar inteligível, o pedaço de gozo contido no texto móvel. Assim, ele revela novos elementos que entram no Simbólico existente como por exemplo:

1. Flaubert, escrevendo *Madame Bovary* e a *Educação Sentimental,* construiu dois personagens originais, Emma Bovary e Frédéric Moreau, que viraram referências na história da literatura francesa. A partir do imaginário da ficção, o autor Flaubert cortou um pedaço do Real, se posso usar essa metáfora, e o introduziu no Simbólico. Essas duas personagens, embora seres de ficção, constituem-se como uma parada obrigatória e intransponível para o mundo do romance e da cultura francesa. Os escritores não podem mais escrever uma história sem levar em conta essas duas personagens. E assim também acontece na literatura brasileira, com Diadorim e Riobaldo de Guimarães Rosa, *Pasárgada* de Manuel Bandeira, *A Paixão Segundo GH* de Clarice Lispector, *Quincas Borba* de Machado de Assis e outras tantas personagens ou as relações entre elas, de todas as grandes obras.

2. O narrador proustiano, contando um sonho de seu herói[23], imaginou a caverna dos sentidos, como Kristeva a chamou[24], que ensinou aos psicanalistas um pouco mais sobre o universo dos autistas.

3. Louis Aragon, em *Le fou d'Elsa,* inverte o ano do início da Segunda Guerra Mundial na França, revelando uma estranha relação entre a invasão alemã na França em maio de 1940 e a preparação das expedições na Espanha em 1490, que descobriram ou invadiram, entre outros países, o Brasil.

4. Jacques Lacan brincando com a letra, a litter (o lixo), inspirado de *Finnegans Wake* no artigo Lituraterre[25], diz algo de novo sobre as relações entre a escritura e sua materialidade, a letra.

Isto é, a ficção e no caso de Lacan, a crítica, conseguem arranhar um pedaço do Real. Da ficção ao Real para o Simbólico, Flaubert e Proust contam uma história e desta história decorre uma "revelação". Aragon e Lacan brincam com a letra ou o número e

23. M. Proust, *Sodoma e Gomorra*, pp.300-302.
24. J. Kristeva, *Le Temps sensible*, p. 291.
25. J. Lacan, "Lituraterre", em *Littérature*, p.3.

deste jogo decorrem relações novas entre escritura e letra, por um lado, e fatos históricos, por outro.

Os autores que assinam o livro publicado, Flaubert, Proust, Aragon, Lacan, se constituem aos poucos sob a ação da escritura literária.

PROPOSIÇÃO DE UM VIRTUAL

O Operador

Nesta segunda parte, gostaria de ir mais fundo e perceber como opera esse "texto móvel" no detalhe. Em 1995, a partir da noção de *scriptor* elaborada por Grésillon e Lebrave, tinha distinguido as instâncias de escritor, *scriptor*, narrador e autor[26]. Em 1997, sublinhei que a passagem do livro *Swann* de 1912 a *O Caminho de Swann* de 1913, provocando a junção de personagens em Marcel Proust, decorria não de um contexto filosófico externo, mas de uma intervenção do operador na escritura em contato com o Real[27]. O exemplo proustiano reproduz, macroscopicamente, o que se passa a cada rasura quando intervém o escritor-autor, e indica suficientemente que, cada intervenção do *scripto*r quebra uma linearidade inicial sob a coação do contexto – menor a meu ver – e do cotexto (chamada por Michel Charles[28] fantasmas do texto) – muito mais poderoso[29] – e obriga a uma reorganização do que já está escrito.

26. P. Willemart, "De qual Inconsciente Falamos no Manuscrito", *Manuscrítica* 5, pp. 47-62.

27. Idem, "O Operador na Escritura", em *Memória Cultural*, pp. 411-424.

28. "Qual existência atribuir a esta dificuldade: texto fantasma". p.177 "Os Átrides na biblioteca imaginária de nosso orador antigo, os chifres da mãe de Julien l'Hospitalier, todos os lados secretos do início da *Busca do Tempo Perdido*. NB. O texto fantasma não é um anagrama como em Saussure e não se constrói conforme o modelo do texto que explora; vem de uma leitura errática a partir de uma palavra, um enunciado, um corte diferente" p. 208. "são elementos fantasmas virtualmente capazes de produzir um texto fantasma. Encarregados de um efeito considerável, eles desaparecem no entanto, a partir do momento em que se quer assegurar ao texto sua legibilidade. Em outras palavras, eles são um obstáculo ao bom funcionamento da memória contextual e produzem uma difração provisória do texto - ou fantasmas estruturais: inventividade estrutural". Michel Charles, *Introduction à l'étude des textes*, p.376.

29. "A obra se fazendo texto, integra sua sombra ou elementos fora do texto (hors-texte); o cotexto é uma criação do texto, impossível de separá-los; percebo os efeitos do fora do texto, mas não vejo o cotexto [...] A operação de textualização é essencialmente cotextualização; a maneira com a qual o texto incorpora o mundo dos objetos por uma série de mediações. O cotexto existe somente com o texto, define um código de legibilidade, é produto do texto e efeito de nossa leitura. Essa noção se opõe à leitura exata de caráter positivista dos 'Sorbonnards': isto quer dizer isto. Os estruturalistas já tinham abalado esse tipo de leitura, que foi recuperado em 20 anos pelo aparelho institucional. A sociocrítica estuda 'a signifiance', faz ela aparecer lá onde o sentido se produz, opõe-se à significação positivista, diferencia-se da interpretação". C. Duchet, " São Paulo ", *La sociocritique*. 4/494.

A autonomia do escritor em relação às condições iniciais e sua dependência das condições contextuais e cotextuais levam-me fatalmente à teoria da auto-organização de Prigogine e deslocam o estudo dos processos de criação do escritor, sujeito da enunciação, para o *scriptor*, que ocupa o verdadeiro lugar ou campo das mudanças, sem ser, todavia, o agente.

Podemos, portanto, identificar o conjunto das instâncias com o operador de Prigogine, que tem exatamente esse objetivo de transformar a função do "texto móvel". Isto é, o "texto móvel " suscita um texto, manuscrito ou digitado, que o *scriptor* transcreve religiosamente e que o autor confirma. Esta operação surge a cada rasura ou parada da escritura. Teresinha Meirelles, analisando os dois conceitos de *scriptor* e de operador, sublinha que não tem sentido falar de "um inconsciente do texto" do *scriptor*, já que a instância não tem complexo de Édipo nem inconsciente[30]. O *scriptor* é agido pelos terceiros que passam através do inconsciente do escritor.

A Roda Espiral

Conforme foi desenvolvido em textos anteriores, a rasura desencadeia o movimento das quatro instâncias. Procurando uma figura marcante que juntasse os movimentos das quatro e facilitasse a compreensão do leitor, tinha imaginado inseri-las numa roda (figura 6) que agiria a cada movimento da escritura, mas essa imagem – porque fechada e conotada de perfeição –, é contrária à gênese aberta a bifurcações e raramente terminada.

Figura 6: Roda Espiral. Detalhe de embarcação do rio Mississipi.

30. T. Meireles, "Um Operador da Escritura", *Manuscrítica* 9, p. 146.

Em seguida, Cristiane Takeda sugeriu duas figuras, a da espiral e a da cadeia do DNA (Figura 7). A primeira ilustraria o movimento das instâncias, que não se fecha em si mesmo e que, uma vez completado um ciclo, impulsiona a formação de outra volta, mas essa figura carrega consigo a noção de evolução e de ascensão aparentemente contrários à de gênese sempre não-linear.

A segunda figura que tem a forma de uma dupla hélice, teria a vantagem de indicar uma escritura literária que se modifica e se configura de forma diferente segundo as combinações. Sabendo, no entanto, que a dupla hélice é bastante direcionada e que a evolução significa apenas mudança na linguagem dos biólogos, prefiro manter a figura de espiral.

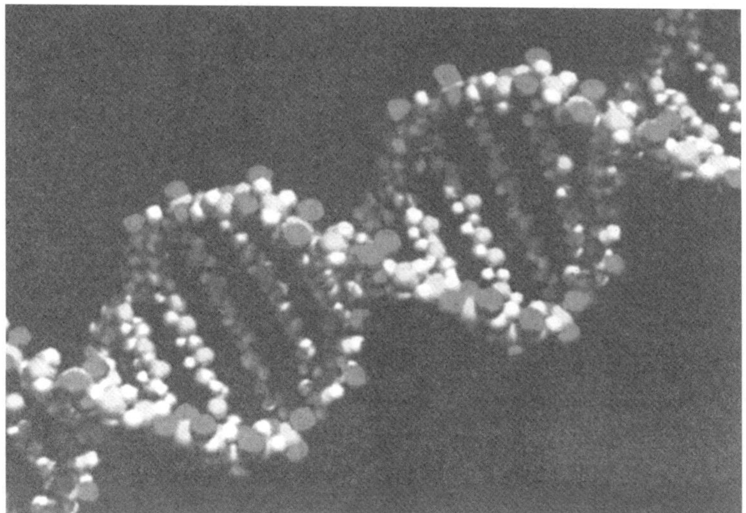

Figura 7: Estrutura de dupla-hélice de uma cadeia de DNA.

Por que não associar a roda à espiral? Inserir as quatro instâncias – escritor, *scriptor*, narrador e autor – numa roda, construindo ela mesma a espiral da escritura, permite caracterizar o conjunto como operador matemático, já que muda a função ou o valor do "texto móvel" cada vez que se movimenta, mantendo, todavia estável seu valor de gozo. O operador esvazia o "texto móvel" de suas sugestões e o relança para seu lugar, limítrofe ao registro do Real (Figura 8).

A escritura literária constitui-se, portanto, aos poucos e decorre desse jogo entre a roda das instâncias e o "texto móvel". A espiral pode ser comparada à concha, segregada pelo molusco de Valéry lembrada acima, mas completo esse mecanismo pela roda das instâncias, que permite entender melhor o processo. Diferente do inconsciente que não pára de não se escrever e pula continuamente de significante inconsciente em significante inconsciente, a escritura literária não pára de ser escrita pelos significantes lingüísticos durante as campanhas de redação até o autor assinar a última versão.

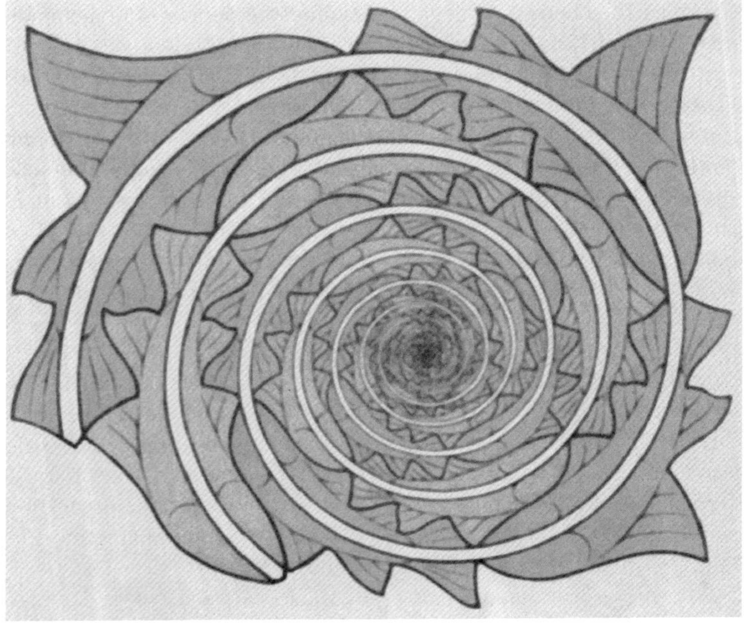

Figura 8: Desenho em espiral a partir de M. C. Escher.

A figura da roda andando na espiral permite entender melhor o movimento intenso da escritura, mas também porque Montaigne, por exemplo, "rompendo com a hierarquia dos estilos"[31], imprime sua marca à escritura que ele chama "a forma totalmente minha". Obrigado a escolher entre as formas clássicas ou as sugestões do novo, ambas ofertadas pelo *scriptor*, o autor desliga-se do passado e impõe "uma forma familiar de composição". Assim fazem os autores que franqueiam os limites da tradição e ousam criar um campo literário novo.

A Sintaxe

Fazer a distinção, entre os significantes inconscientes ou de gozo[32] e os significantes lingüísticos, segue a lógica dos quatro dis-

31. "O estilo é a expressão familiar e da composição "lâche"; não traduz mais o lugar das matérias na hierarquia, mas o aspecto subjetivo da livre reflexão e por meio disso a individualidade do autor; o estilo é "une forme toute mienne". (II,10)" H. Friedrich, *Montaigne*. p.379.

32. "O significante se situa no nível da substância gozante". J. Lacan, *Ainda*, p.36.

cursos articulados por Lacan. O discurso corrente (discours courant) – o dos corredores ou no café –, no qual falamos de esportes, sexo, tempo, fofocas etc. não sabe a partir do quê fala e não quer saber. É o discurso no qual a palavra encarna "o erro, refugiando-se na tapeação e pego pela equivocação"[33]; mas é também o discurso que diferencia a posição sexual: a mulher teria um discurso mais ligado aos significantes do gozo e o homem à recusa da castração e ao desconhecimento (méconnaissance) do inconsciente[34].

Os quatro discursos, o do mestre, do histérico, da universidade e do analista que se substituem um ao outro sob o efeito do amor[35], se intrometem no nosso discurso, dependendo do momento lógico[36]. Mas o discurso literário ou artístico não se encaixa em nenhum dos quatro por vários motivos. Em primeiro lugar, poucas pessoas percorrem o discurso literário, contrariamente ao voto piedoso de Lautréamont avançando "A poesia dever ser feita por todos"[37].

Em segundo lugar, seus efeitos podem satisfazer as demandas específicas dos três discursos em momentos diversos: a demanda de satisfação do histérico, a demanda de saber do universitário ou a demanda de um bem do mestre, mas fundamentalmente – e nisso ele é parecido com o discurso do analista –, o discurso literário ou artístico, elaborado no manuscrito, não se satisfaz com uma resposta a uma demanda, qualquer que seja. Ele a desvia continuamente, forçando o artista a prosseguir a espiral da escritura.

E enfim, o discurso literário ou artístico não estabelece um laço social imediato com o outro já que a relação fica limitada entre o escritor e a escritura, o escultor e a pedra, o pintor e as cores, o músico e as notas etc. Há exceções, entretanto, como a montagem de, uma peça teatral, que estabelece um laço social forte entre autor, *metteur en scène*, atores, iluminador, sonoplasta, cenógrafo e a equipe técnica do espetáculo.

Essas diferenças justificam a tentativa de elaborar uma gramática diferente para esse discurso.

Se aplicarmos os quatro elementos imaginados por Lacan à escritura, teremos no *agente*, aquele que se sustenta do segundo ele-

33. J. Lacan, *Os Escritos Técnicos de Freud*, trad. Betty Milan, p.312.

34. S. Leclaire, *On tue un enfant*, p. 37.

35. "O amor é signo de que trocamos de discurso". J. Lacan, *Ainda*. p.27

36. "Os três primeiros discursos reunidos sob a rubrica 'O avesso da psicanálise', mantêm o engodo do objeto, enquanto o Discurso do analista denuncia o engodo [...] colocado no lugar do agente neste Discurso, o a minúsculo, o analista põe em que a demanda do objeto do outro, demanda de satisfação, de saber ou de um bem qualquer que seja – é o que se chama a não resposta do analista [...].O engodo da satisfação é pelo contrário alimentado e consolidado pelas instituições que utilizam os outros Discursos (onde) a convenção, o contrato e o pacto suprem a ausência de relação". E. Lemoine-Luccioli, *L'histoire à l'envers. Pour une politique de la psychanalyse*, p.166.

37. I. Ducasse, *Oeuvres Complètes*, p.409.

mento, a *verdade*, mas que de lá interpela o terceiro elemento, o *outro*, e produz o *quarto* elemento.

Temos assim uma sintaxe ou uma gramática da escritura distinta daquela dos quatro discursos. Sob a ação do "texto móvel" como agente que se sustenta não somente do saber do inconsciente (S^2), mas também do saber cultural ou dos terceiros (S^3), o escritor dividido entre a demanda do grande Outro a quem responde e sua proposta muitas vezes ignorada no momento, o sujeito barrado rasura, pára e transcreve.

A sintaxe se escreve:

$$\frac{\text{\textit{“texto móvel”}}}{S^2/S^3} = \frac{\text{\textit{S barrado}}}{\text{escritura}}$$

Conseqüências para o Geneticista

O estudioso do manuscrito não encontrará uma única lógica, mas um conjunto de lógicas acumuladas e entrelaçadas. Ou se quisermos desenhar a criação no tempo, sabemos que não há uma trajetória linear, já que a cada rasura, as probabilidades de prosseguir são múltiplas e que o caminho escolhido pelo autor dependerá da engrenagem do "texto móvel" com a roda das instâncias.

Não se trata de intencionalidade ou de realidade subjetiva, mas de um escritor – preso nas malhas da escritura e do vir-a-ser – que, a cada conclusão da rasura passa o bastão, como numa corrida, para a instância do autor e descobre-se não uma intenção primeira, mas o porta-voz de um desejo desconhecido e de uma comunidade que até pode ser universal. Por outro lado, cada conclusão e ratificação de uma frase, de um parágrafo ou de um capítulo pelo autor, supõem o contato com o "texto móvel", que pode sempre questionar o que foi feito. O texto da *Fugitiva* escrito por Marcel Proust no final da vida teria obrigado o editor a remanejar a *Busca do Tempo Perdido* se fosse integrado.

Em outras palavras, o geneticista deveria adotar a perspectiva psicanalítica e pesquisar o manuscrito, não historicamente, como se houvesse uma evolução linear, mas a partir da versão publicada, que imprime sua lógica ao que vem antes. Nesse sentido, as leis da escritura são muito mais próximas das leis dos sistemas não-lineares – particularmente os do caos determinista e da auto-organização[38] – do que de uma evolução sistemática. Um estudo linear colocaria o crítico frente a um acúmulo de lógicas diferentes que seria extremamente difícil sistematizar. É o que sublinha também

38. P. Willemart, *Além da Psicanálise*, p.190 e 201.

Daniel Ferrer: "não é a gênese que fixa o texto, mas o texto que determina a gênese [...] Cada variante, por mínima que seja, reescreve uma história que conduz até ela – inscreve-se *como* história e *numa* história que ela constitui ao mesmo tempo"[39].

Entretanto, mesmo escolhendo a escuta psicanalítica na leitura do manuscrito, o geneticista encontrará uma outra bifurcação. Poderá considerar o texto publicado semeado de metáforas e de metonímias aludindo ao manuscrito ou verá no drama, no poema ou no romance uma aparência ou uma forma que revela as estruturas de sentido. As duas pistas se diferenciam pelo valor atribuído ao manifesto ou ao texto publicado. A primeira reenvia a um "outro texto" enquanto a segunda valoriza o texto examinado.

O narrador proustiano opta pela primeira quando atribui ao crítico não um microscópio que lhe ajudaria a descobrir detalhes que escapariam ao olhar do leitor, mas "um telescópio que lhe permita distinguir coisas efetivamente muito pequenas, mas situadas a longas distâncias, cada uma num mundo"[40]. Isto é, os clichês ou os hábitos que corresponderiam ao texto publicado, eram verdadeiras metonímias ou/e metáforas que descreviam o comportamento das personagens decorrendo de leis invisíveis.

Foi também a minha opção quando descobri no manuscrito de *Herodias*, uma história reconstruída do povo judeu ausente do texto impresso. Pude rastrear essa reconstrução, desde seu nascimento até seu sumiço como tal, e estabelecer elos entre as campanhas de escrituras sucessivas e o texto publicado, o que permitiu considerar algumas palavras do texto como verdadeiras metonímias da escritura do manuscrito. As palavras aparentemente anódinas de uma disputa conjugal entre Antipas e Herodias: "Não havia pressa, segundo o Tetrarca, Iaokanann perigoso? Qual o quê! Afetava rir disso" continham de fato uma nova história do povo judeu detalhada no manuscrito e analisada em *Universo da Criação Literária*[41].

Jean Petitot defende a segunda leitura quando afirma que os físicos "fingem esquecer ou tratam por cientificamente negligenciável, o fato de que o 'campo' do mundo intuitivamente pré-dado, imediatamente percebido e lingüisticamente descrito, constitui o pressuposto absoluto de qualquer prática científica"[42]; o cotidiano deve ser o objeto da ciência. "A morfodinâmica quebra o círculo hermenêutico fundando as estruturas do sentido na objetividade da forma"[43]. Petitot situa-

39. D. Ferrer, " La Toque de Clementis", *Genesis* 6, 94. p. 100.

40. M. Proust, *O Tempo Redescoberto*, p. 286.

41. P. Willemart, *Universo da Criação Literária*, p. 47.

42. J. Petitot, *Physique du sens*, p. 24.

43. "Mas considerando a correlação entre a manifestação e o sentido, a síntese morfológica entre fenomenologia e objetividade permite fundar o sentido na objetividade

se, dessa maneira, não somente na esfera da fenomenologia husserliana, mas, também, da psicanálise lacaniana para a qual o inconsciente não está enterrado nas profundezas da mente, mas ativo no discurso de todo dia[44].

A morfodinâmica oferece assim um quadro teórico e uma pista ao geneticista que situa o texto móvel como o primeiro invariante formador do texto publicado. Procurar os processos de criação significa então detectar no manuscrito os invariantes que decorrem do "primeiro texto" ou do "texto móvel" e que contribuem ao desenho ou à formação do texto publicado; é acreditar, em outras palavras, que aos poucos os invariantes ou paradigmas arrancam o texto de sua instabilidade e o constroem.

No manuscrito de um escritor que qualificaria de linear, como Flaubert, por que não voltar atrás na escritura? Uma vez a página terminada, o pesquisador constatará que, na medida em que se aproxima da última versão, os invariantes aumentam até formar a rede complexa do texto.

O narrador proustiano, pelo contrário, imitando Françoise que "remendava seus vestidos"[45], "prega aqui e ali uma folha suplementar [...] (e) construía o livro como um vestido"[46]. São parágrafos ou capítulos elaborados em cadernos diferentes, mas articulados segundo uma lógica da vizinhança próxima da associação livre no divã. No entanto, por mais móveis que pareçam, o pesquisador encontra invariantes aglutinadores no manuscrito proustiano. Embora se afigure mais fruto do acaso e do aleatório do que de uma ordem, alguns cadernos são semelhantes aos "sistemas estruturalmente estáveis a movimentos complicados dos quais cada um é exponencialmente instável em si"[47]. Essa descoberta recente dos matemáticos (1976) reforça a hipótese do invariante. "O indeterminismo concreto é [...] perfeitamente compatível com o determinismo matemático. Como observa René Thom, o que se chamam leis do acaso são, de fato, propriedades do sistema determinístico mais geral"[48].

morfológica[...]a Morfodinâmica pode, desde então, visar igualmente uma modelização geométrica do pensamento verbal ordinário, permitindo substituir a intuição semântica, com seu caráter subjetivo imediato, pela intuição geométrica, que espacializa seu objeto e o distancia do sujeito pensante [...]. Assim se entendem a inteligibilidade (o sentido) e o realismo ontológico das ciências objetivas". Idem, ibidem, p.34

44. As duas abordagens indicam, portanto, pensamentos diferentes embora não coincidem com a cronologia histórica. A abordagem de Proust (1871) é análoga a de Freud (1856) enquanto a de Petitot (1949), parecida com a de Lacan (1901), depende em grande parte da fenomenologia de: Hegel (1770), Husserl (1856) e Heidegger (1889), seu discípulo.

45. M. Proust, *O Tempo Redescoberto*, p. 281.

46. Idem, ibidem, p. 280.

47. J. Petitot, op. cit., p. 9.

48. Idem, ibidem, p.9.

Analogamente, diremos que a presença de uma ordem nos sistemas aparentemente instáveis incentiva o geneticista a levantar uma ordem progressiva composta de invariantes nos cadernos proustianos ou de outros autores.

Em outras palavras e partindo de um outro referencial, Michael Riffaterre ilustra a teoria dos invariantes e do texto móvel. O paradigma do qual ele suspeita a existência, "formado de seqüências verbais fragmentárias ou isoladas de seu contexto, que se repetem uma e outra sob outras formas"[49], não é outro senão a segunda parte do conceito avançado, aqui, o "texto móvel". O que chamo "texto", porque cobre o gozo estável que está na origem da escritura, Riffaterre o chama de "verdade"[50]. Retomando o artigo de Le Calvez[51] em *Genesis* 5, Riffaterre analisa os prototextos da visita de Frédéric Moreau no Castelo de Fontainebleau na *Educação Sentimental* de Flaubert[52]. O gozo estável é representado neste trecho do livro e dos manuscritos pelo significante "Diane de Poitiers", a amante de Henrique II celebrada no castelo e que encarna o desejo. As partes móveis se dividem entre o herói, Frédéric, a amante da ocasião, Rosanette e a deusa Diana a caçadora.

A interpretação de Riffaterre revela o pedaço de Real simbolizado por essa peripécia: "Frédéric entende muito tempo antes do fim do romance que sua educação sentimental com as mulheres demais humanas só pode fracassar. Precisava do ideal ou seja, uma deusa"[53]. Sob a ação da roda das instâncias, substituem-se sucessivamente, na espiral da escritura flaubertiana, o guia turístico de Alphonse, Joanne, fonte principal das informações de Flaubert, a caça ao cervo e o hallali!, os amores do Rei e de sua favorita, o Renascimento e os seus castelos agradáveis, o mito da deusa romana e as constelações. A estabilidade do significante Diana entrelaça os sentidos instáveis que percorrem os fólios e integra "a camada de sentido na camada da forma" apresentando-se como "uma unidade ontológica e não uma simples justaposição"[54].

Para chegar à última versão, o narrador elaborou aos poucos os invariantes distanciando-se ou "distorcendo o documento" como mostra Le Calvez no artigo citado[55], o que não é a mesma coisa que abandonar o "não literário", como entende Riffaterre. É bastante fácil, para nós críticos, de afirmar "só depois" o que foi rejeitado lendo

49. M. Riffaterre, "Avant-texte et Littérarité ", *Genesis 9*, p.10.

50. Idem, ibidem, p. 16.

51. É. Le Calvez, "Visite guidée.Genèse du château de Fontainebleau dans '*L'Education Sentimentale*'", *Genesis 5*, p. 99.

52. M. Riffaterre, ibidem, p. 9.

53. Idem, ibidem, p. 16.

54. J. Petitot, op. cit., p.51.

55. É. Le Calvez, ibidem, p.106.

o manuscrito, mas o escritor não tem nenhuma idéia disso escrevendo. Tanto Picasso apagava os *chefs-d'oeuvre*, prosseguindo no seu trabalho[56], como o escritor os seus manuscritos. Não é, portanto, esse critério, "literário ou não literário", que servirá para determinar os invariantes que se reúnem ao redor do paradigma ou do texto móvel no manuscrito, mas mais simplesmente o estudo do texto.

Levantar, em primeiro lugar, o que expressa o desejo ou o gozo entre as personagens: o ciúme das outras mulheres do herói proustiano, nas suas relações com Albertine[57]; o desejo de Frédéric por Diana, por meio de Rosanette, na visita ao castelo de Fontainebleau; as relações de Antipas e Herodias com Iaokanam, no conto de Flaubert; as relações "feudais" entre um fazendeiro e seus vaqueiros, em *Cara-de-Bronze* de Guimarães Rosa; a rejeição de uma transformação social do mundo rural, por Lioubov Ranevskaïa, em *O Cerejeiral* de Tchekcov e assim por diante.

Num segundo tempo, o crítico levantará o que chamei, no parágrafo sobre a sintaxe, o saber do inconsciente S^2 e o saber da cultura e dos terceiros S^3, saberes que circulam ao redor destas personagens no texto. Não se trata do inconsciente, inexistente nas personagens de papel, mas do saber do inconsciente, isto é, as estruturas nas quais vivem as personagens (o Simbólico) e o sentido que se desprende dele (o Imaginário); o S^3 insiste mais na história e na tradição literária nas quais inserem-se as personagens. Fazer esse levantamento não consistirá, no entanto, em praticar a crítica temática ou "libertar uma rede latente, profunda, subconsciente ou inconsciente"[58]. Com Petitot, falaremos de objetos visíveis presentes no manuscrito e no texto, como os elementos citados acima que radiam ao redor de Diane de Poitiers.

Mas como explicar então a história do povo judeu, inventada por Flaubert e totalmente ausente do texto? Essa versão "deixada de lado"[59] e que somente um trabalho penoso do geneticista pode atar ao texto, indica certamente a natureza essencialmente instável do manuscrito, ou ainda "a emergência do descritível a partir do indescritível"[60]. Mas não há mais elementos? Não poderíamos ver, além da comprovação da instabilidade do manuscrito ou de sua indescritibilidade, uma espessura de sentidos que escapa à morfodinâmica e a Riffaterre?

Mesmo se raciocinarmos em termos de metonímia, de metáfora, de profundidade ou de rizoma, o texto não poderia ser considerado como o resultado de uma longa corrente que apanha nos seus obje-

56. Ver a cassete de Clouzot filmando Picasso no seu atelier.
57. R. Coudert, *Proust au féminin*, p.145.
58. Compagnon, *Le démon de la théorie*, p.80.
59. M. Riffaterre, op. cit., p.10.
60. R. Thom, "Halte au hasard, Silence au bruit", *Le Débat* 3, p.124.

tos, as palavras, essas versões abandonadas, tanto quanto o homem apanha, na sua constituição física, numerosos elementos da filogênese? Em outras palavras, mesmo se há "degenerescência de pontos críticos que corresponda às catástrofes ditas de bifurcação" [61], a hipótese supõe que os sentidos acumulam-se e não se eliminam.

O debate deve certamente continuar, mas espero ter cercado vários conceitos que talvez não ajudem diretamente o pesquisador nas suas análises literárias, mas que indicam pistas a não seguir e outras a prosseguir permitindo uma compreensão melhor do conceito romântico, a musa, que chamei "texto móvel".

61. J. Petitot, op. cit., p. 12.

Parte II:
Psicanálise

1. Repensar os Conceitos de Psicose e de Autismo

Experiência bem sucedida no âmbito da Universidade de São Paulo, o movimento "Lugar de Vida" sublinha a dimensão social não somente da universidade, mas da psicanálise, mostrando como é possível entrelaçar pesquisa, ensino e extensão. Outras instituições tratam da infância com problemas, Bonneuil, Le Courtil e o CPPL, mas Maria-Cristina Machado Kupfer e sua equipe construíram o "Lugar de Vida" diferente e original que merece nossa admiração pela organização, pela revista *Estilos da Clínica*, pela reflexão, pelos avanços teóricos e pela repercussão na comunidade. O "Lugar de Vida" é uma resposta a Settembrini, personagem de Thomas Mann que negava a psicanálise porque "prejudica as raízes da vida e estorva a ação".

Se admitirmos a tese de Catherine Millot de que o autismo e a psicose não permitem a instalação da criança "na ordem simbólica pela travessia do Édipo e da castração"[1], haveria somente soluções paliativas no tratamento. Socializar melhor a criança ou a inserir um pouco mais no registro do Simbólico seriam os objetivos máximos a serem atingidos sabendo todavia que a falta de precisão dos advérbios "melhor" e "mais" reflete a ausência de parâmetros que determinariam uma verdadeira inserção no Simbólico. Conseguir desencadear a formação do sujeito seria impossível.

1. C. Millot, *Freud, Anti-pedagogo*.

A CRIANÇA AUTISTA

No entanto, temos a experiência contrária da antropóloga em Marte como ela se denominava, a Dra. Temple, bióloga e pesquisadora-professora na Universidade do Colorado[2] que parece ter atravessado o Édipo e a castração e pôde deixar correr seu desejo. Diferente, ela nos faz entender o quanto um autista não é psicótico e precisa de outro tratamento. Sacks, que relata o caso, não é psicanalista e acredita na causa orgânica do autismo, mas suas descrições são bastante plausíveis e me levam a perguntar se podemos confundir as duas categorias na abordagem.

Na revista *Estilos da Clínica*, dois artigos aludem ao autismo. Um de Jerusalinsky sobre a psicose, mostrando em três linhas que o autismo não é uma variedade dentro das psicoses, mas uma outra forma de organização psíquica[3] e um de Atem[4], mais elaborado, que conta uma experiência consistente.

Levando em conta a distinção de Jerusalinsky, que coloca os autistas do lado da falha materna e os psicóticos do lado da falha paterna, pergunto se não haveria outras contribuições válidas que pudessem auxiliar a terapeuta de crianças classificadas como tais.

Segundo Frances Tustin:

> a criança tenta salvar o existente apegando-se a um mini-universo de sensações no qual o tocar é o mais importante [...] o mundo autístico é sem espessura, bidimensional, arquipélago de superfícies planas cercadas de beiras que pertencem tanto ao mundo exterior quanto o corpo do sujeito [...] Assim, essas "sensações-formas", provocadas por percussão, esfregamento, afloramento, balanceamento, [que] geram fluxos de sensações apaziguadoras e tranqüilizadoras[5].

Lou Muniz Atem constata os mesmos fenômenos no artigo citado.

Num ensaio de 1994 sobre *Em Busca do Tempo Perdido* de Proust, Julia Kristeva que, em 1983, já atendia algumas crianças de Bonneuil, retoma Tustin e define o sintoma do autista como uma impossibilidade de ter acesso à linguagem embora tenha uma vida sensorial muitas vezes complexa. Lembrando a caverna de Platão, ela imagina no autista "a existência de uma caverna sensorial desprovida de símbolos (ou de sombras no sentido platônico) na qual pode encontrar representações de coisas [...] não traduzidas necessariamente por representações de palavras"[6].

2. O. Sacks, *Um Antropólogo em Marte*, p. 253.
3. A. Jerusalinsky, "Para Uma Clínica das Psicoses", *Estilos da Clínica*, 1. p.146.
4. L. M. Atem, "Possibilidades de Intervenção com o Autismo a partir da Circulação Pulsional: Passagem de uma Recusa Ativa à Passividade que Permite a Pulsionalidade", *Estilos da Clínica*, 3, p. 83.
5. F. Tustin, *Autisme et protection*.
6. J. Kristeva, *Le temps sensible*, p.289.

Em seguida, Kristeva lança uma hipótese ousada e afirma que "Proust consegue lá onde o autista fracassa". Ela cita um trecho de *Sodoma e Gomorra*[7], no qual o narrador proustiano, por meio do herói Marcel dormindo profundamente, descreve um segundo apartamento ou a caverna sensorial, sem réplica de si, sem duplo e sem alter ego, fora do tempo, com traços arcaicos de não diferenciação sexual e de sensação imemorial, caverna que poderia ajudar os terapeutas e os psicanalistas a entender um pouco mais o que vivem os autistas. O início do romance evoca uma atmosfera parecida quando o herói assume identidades estranhas, dilacerado entre o sono e o acordar: "Durante o sono, não havia cessado de refletir sobre o que acabara de ler, mas essas reflexões tinham assumido uma feição um tanto particular; parecia-me que eu era o assunto de que tratava o livro: uma igreja, um quarteto, a rivalidade entre Francisco I e Carlos V"[8].

As interpretações de Proust, Kristeva, Tustin e Atem não contradizem aparentemente o relato de Sacks sobre Temple, e, se concordamos, é mais um exemplo da riqueza da literatura que, na esteira de Freud e Lacan, incentiva o psicanalista a conhecê-la para entender melhor o ser humano.

A CRIANÇA PSICÓTICA

Maria-Cristina Kupfer caracteriza a criança dita psicótica da seguinte maneira: "o que falta é a falta [...], a estrutura que as organiza pode ser comparada à de uma frase melódica sem um repouso na tônica, o que equivale a uma frase sem ponto final [...] falta-lhe esse momento de interrupção e o sentido que pode advir?"[9].

No seminário sobre as psicoses, Lacan define que no psicótico "a linguagem fala sozinha, a voz alta, sem sujeito. Ele é habitado, possuído pela linguagem"[10]. E prossegue no Seminário 5:

> 'O seminário sobre a psicose lhe permitiu compreender se não o fundamento último, pelo menos o mecanismo essencial da redução do Outro, do grande Outro, como sede da palavra ao outro imaginário. É uma suplência do simbólico pelo imaginário'[11].

Isto é, enquanto o neurótico circula entre os três registros, o psicótico esvazia ou diminui o Simbólico sob a pressão do Imaginário e circula apenas do Real ao Imaginário. O "significante

7. M. Proust, *Sodoma e Gomorra*, trad. Fernando Py, p. 317.

8. Idem, *No Caminho de Swann: Em Busca do Tempo Perdido*, trad. Mário Quintana, p. 9.

9. M.-C. M. Kupfer. *Uma Educação para o Sujeito (Desdobramento da Conexão Psicanálise-Educação)*, p. 107.

10. J. Lacan, *As Psicoses*, trad. Aluisio Menezes, p. 284.

11. Idem, *As Formações do Inconsciente*, p. 14.

um" não passa em baixo da barra, o que não permite a eclosão do sentido.

Comparando o autista e o psicótico, diria que o primeiro ignora o Simbólico e o segundo o substitui. O tratamento deveria inserir o autista no Simbólico, nas suas várias dimensões, e no psicótico descolar o Simbólico do Imaginário. Isto é, as crianças têm em comum a falta de um sujeito deslizante de significante em significante, o que leva a terapia a ter o mesmo objetivo: restituir ou fazer emergir o sujeito do inconsciente embora parta de âncoras diferentes.

A definição da libido por Lacan como o ponto de interseção entre a realidade sexual e o campo do desenvolvimento do inconsciente[12] ajuda a entender a diferença entre a psicose e o autismo.

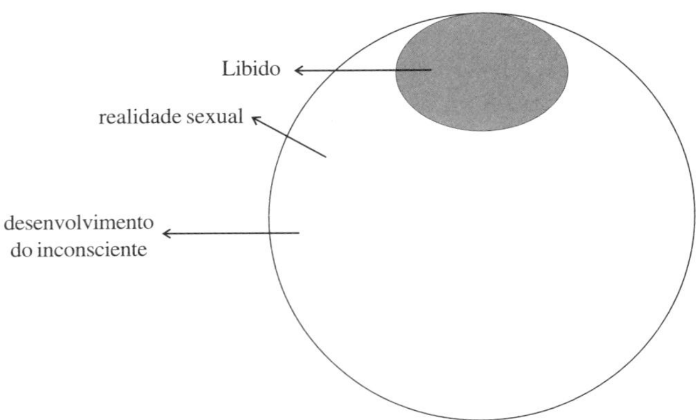

Os dois campos do desenho formam um oito ou, melhor ainda, uma fita de Moebius. Se a libido ou o desejo ou a falta-falha não funciona, isto é, se não há conexão ou passagem de uma para uma outra, o autista fica acantonado no campo das pulsões e o psicótico no campo do grande Outro. É como se a fita de Moebius fosse uma fita normal, sem torção, sem possibilidade de encontro entre os dois lados ou como se os dois círculos do oito não se tocassem.

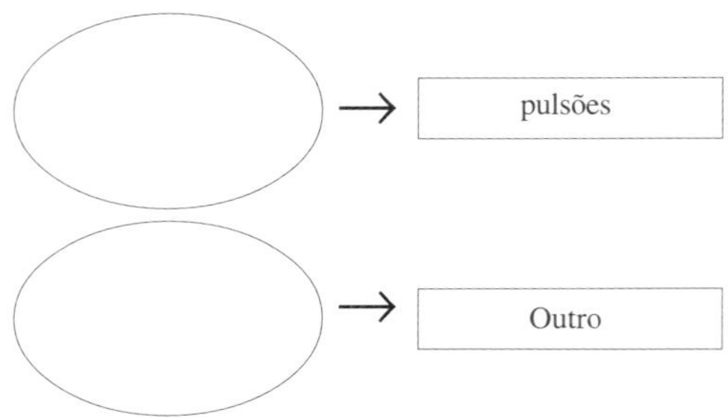

12. Idem, *Os Quatro Conceitos Fundamentais da Psicanálise*, p.148.

No comentário do *Bloco Mágico*, Freud sublinhava que a escansão do tempo opera quando as camadas são reunidas pelo lápis que escreve, caso contrário, a psique fica no tempo eterno do inconsciente. O lápis que pressiona as camadas poderia ser comparado facilmente à libido que provoca a conexão entre os dois campos, o das pulsões e o da linguagem. A criança psicótica, tanto como o autista, dificilmente conecta os dois campos.

A partir dessa descrição e dessa falha comum para as duas categorias, duas disfunções poderiam ocorrer; o condicional sublinha que a distinção é raramente observada em "estado puro" no "Lugar de Vida" como ressalta Kupfer.

Ou a criança viveria totalmente sexuada, isto é, fechada no campo das sensações e das pulsões, ou ficaria no campo do grande Outro.

1. No primeiro caso, a criança autista se movimentaria inteiramente no campo da realidade sexual sem poder dizê-lo em palavras e, portanto, ignoraria o princípio de realidade que dessexualiza ou deserotiza o real empírico. Observo, entretanto, que, conforme escreve Atem, a criança, mesmo assim, tem falha no circuito pulsional e não consegue relacionar a sensação e a pulsão que a projetaria no grande Outro. Durante sua formação, o herói de *Em Busca do Tempo Perdido* caminha sempre da sensação às lembranças, às idéias, à inteligência como se partisse de uma situação autista, o que me leva a perguntar por que Proust estava tão empenhado em valorizar a sensação e colocar a inteligência de lado. Ele já tinha afirmado em 1908: "Todo dia, ligo menos para a inteligência. Todo dia, me dou conta que é somente fora dela que o escritor pode pegar algo de nossas impressões passadas, isto é, atingir algo dele mesmo é a única matéria da arte"[13]. A origem da arte segundo Proust está neste campo das sensações. Se Freud ouvia a histérica no final de século, Proust já descrevia o autista no começo do século XX, justificando a afirmação de Manoel Tosta Berlinck que, na argüição de livre-docência de Kupfer, atribuía o autismo a todos os seres humanos.

Se a arte exige um certo autismo, não é porque o artista seja autista, mas no sentido de que ele deve voltar à caverna sensorial, tão próxima senão parte do registro do Real, para reencontrar a fonte da criação. O artista faz essa volta "imaginarizando" o Simbólico que o cerca, isto é, relativizando as estruturas de todo tipo nas quais ele está inserido[14], contrariamente ao autista que deveria simbolizar as sensações vividas intensamente.

13. M. Proust, *Contre Sainte Beuve*, p. 211.
14. P. Willemart, *Além da Psicanálise: a Literatura e as Artes*, p. 121.

2. Quanto à criança psicótica, ela viveria exclusivamente no campo do grande Outro, a mercê dele, sem poder barrá-lo resistindo à vivência das pulsões oral, anal, escópica e do ouvir.

A radicalidade da distinção dos dois campos ajuda talvez a entender como funcionaria o RSI da criança com problemas, mas será que ela vai ao encontro da criança real e das terapias aplicadas? Em tese, as orientações usadas para os autistas visariam a abrir o circuito da pulsão ao grande Outro ou à linguagem, enquanto que outras tenderiam a abrir o circuito para as pulsões nos psicóticos, mas o essencial consistiria em suscitar ou aumentar a conexão entre os dois campos, introduzindo a criança no tempo calendário por todos os meios possíveis.

As Estruturas e o Sujeito

Juranville enumerou quatro estruturas existenciais: a psicótica, a neurótica, a perversa e a sublimatória, às quais Jerusalinsky sugere acrescentar a estrutura autística.

O estruturalismo data dos anos de 1960 e pergunto se ainda temos que pensar nesta perspectiva hoje. Eu estaria muito cauteloso neste ponto, e tentaria, em primeiro lugar, diminuir o impacto estruturalista que cercou o afloramento do pensamento lacaniano. Enveredando por esse caminho, me dou conta que, embora anule, senão relativize, minha argumentação anterior, vale a pena abrir outros caminhos de entendimento.

Dois argumentos nos levam a repensar a ligação íntima entre o estruturalismo e a teoria lacaniana. A experiência clínica, por um lado e a descrição do universo segundo Ilya Prigogine, prêmio Nobel de química de 1977, por outro.

A partir da escuta analítica, Berlinck, como já foi lembrado, imputa o autismo a todos os seres humanos. Kupfer, em contato permanente com crianças psicóticas e autistas, define o inconsciente ou o conjunto dos três registros lacanianos (o RSI) como uma sintaxe das estruturas *possíveis*. Prigogine afirma que "nossas descrições do mundo se organizam em volta dos temas de estabilidade e de instabilidade e não mais da oposição entre acaso e necessidade"[15]. Foi mostrado que a estabilidade gera a instabilidade, como comprova, por exemplo, um estudo do sono profundo. As cinco variáveis independentes, que conseguem mapear os bilhões de neurônios do cérebro, geram, por sua complexidade, um comportamento altamente imprevisível ou instável[16].

15. I. Prigogine & I. Stengers, *La nouvelle alliance*, p. 14.

16. "[...] as medidas caracterizando o sono profundo correspondem a um atrator fractal com cinco variáveis independentes [...] O emaranhado dos bilhões de neurônios que constituem nosso cérebro se deixa representar [...] por um sistema de equações relativamente simples, mas este sistema se caracteriza, ele mesmo, por sua complexidade dinâmica intrínseca, pela instabilidade do comportamento que ele gera". Idem, ibidem, pp.15-16 (a tradução é minha).

Nesta perspectiva, as estruturas da psicose, da perversão e da neurose fariam parte de zonas de estabilidade e explicariam grande parte da complexidade psíquica dos homens, mas as "exceções", aqueles que não se encaixam ou que vivem em zonas de instabilidade (e reparamos que a estrutura sublimatória é altamente instável), antecedem as estruturas que conhecemos ou anunciam outras zonas de estabilidade ainda desconhecidas, mas verificáveis nos casos tratados no "Lugar de Vida".

Em outras palavras, temos duas descrições possíveis: Primeiro ou todos os homens são psicóticos (tese de Bion) ou autistas (tese de Berlinck) e, segundo o tempo lógico de cada um, essas primeiras estruturas não mudam, ou se "dissiparam" para gerar as três estruturas clássicas ou aceder à quarta[17].

Segunda descrição: todos os homens se encaixam nas três estruturas e, por um fenômeno ainda inexplicável, mas que inclui a flecha do tempo, alguns "dissiparam" as estruturas originárias e criaram outras.

Nas duas descrições, a terapia consiste em provocar o tempo lógico das crianças para "forçá-las" a entrar numa zona de estabilidade ou a terapeuta aceita que as crianças vivam no mundo delas. A terapeuta tenta conversar e estabelecer a comunicação com esse mundo diferente sem o espírito missionário da conquista, *acreditando que há um sujeito se manifestando sem os moldes dos neuróticos*. O paradigma de Prigogine permite entender um fato relatado por Sacks. A família autista que ele visitou tinha na biblioteca um grande número de livros de ficção científica e seus heróis eram o Dr. Spock e seus sucessores, os andróides[18], e não personagens de novelas ou de romances.

Quanto ao problema do surgimento do sujeito, ele não se coloca mais, se concordamos com as duas descrições: o sujeito existe e vive, embora de modo diferente, nas estruturas estáveis ou instáveis confirmando assim as indicações de Kupfer e as dúvidas de Berlinck quanto ao sujeito lacaniano[19].

Contar Histórias[20]

Se a criança psicótica prefere "falar com os fantoches, ver desenhos animados e aprender com eles, do que falar com seus pais ou

17. Prigogine fala em estruturas dissipativas para explicar a passagem da instabilidade à estabilidade e vice-versa.

18. O. Sacks. op. cit., p. 281.

19. No mesmo ano em que escrevi essa argüição, Jacques-Alain Miller publicava "Lês six paradigmes de la jouissance", na revista *La Cause Freudienne*, p. 7, na qual ele relativizava "um certo número de relações" sacralizado pelo estruturalismo, inclusive por Lacan, mas relações que se desfaziam a partir do axioma "Há gozo", outra maneira de relativizar as estruturas.

20. C. K. Inafuku & D. W. Teperman, "Eva, Pandora e Curumim: a Curiosidade e a História", *Estilos da Clínica* 1, p.78.

professores"[21], não é porque há uma identificação maior[22] com um certo desejo vivido pelos primeiros? O sujeito que vive nesta criança ou seu RSI pode pular entre os significantes *Branca de Neve*, *Os Sete Anões* ou *O Pequeno Polegar* cuja paixão é mais evidente e não entre os significantes-pessoas que o cercam. As histórias lhes permitem reencontrar um mundo semelhante, e funcionam também para qualquer neurótico: elas questionam seu lugar no mundo, transformam, prolongam e diversificam o percurso do sujeito admitindo outros significantes. Parecidas com o sonho narrado, as histórias contadas ou encenadas no teatro ou no cinema trabalham o sujeito e o transformam sem ele saber.

Escrever, alfabetizando ou não, é uma outra atividade do "Lugar de Vida" que possibilita, não o surgimento do sujeito, mas seu caminhar. Diferente das histórias, a escritura exige um querer dizer imediato do sujeito e uma inserção no circuito da linguagem. Escrever sugere uma composição entre o outro e o grande Outro, entre a vontade de um eu e palavras carregadas de histórias, entre uma desordem inicial e uma sintaxe obrigatória. Como diz Kupfer, "Escrever é produzir um 'a mais', que é o fruto dos encontros sintáticos, das vírgulas, da posição das frases, de seu encadeamento"[23]. Desse "a mais" decorre um estilo que revela um sujeito[24] e, às vezes, um artista quando consegue distanciar-se do passado, como salienta Mallarmé: "O verso, que com vários vocábulos, refaz uma palavra total, nova, estranha à língua e como encantadora, termina este isolamento da palavra: negando com um traço soberano, o acaso alojado nas palavras"[25].

O ateliê de artes deixa a criança mais livre, já que a única imposição virá do material escolhido[26] e não de uma história já estruturada com enredo e personagens, nem das letras do alfabeto limitadas na sua combinação e no seu número. Como o artista, pintando ou gravando,

21. M.-C. M. Kupfer, op. cit., p. 115 e 116.

22. Freud já salientava o fenômeno da identificação para explicar a sedução dos leitores pelas histórias em *A Criação Literária e o Devaneio*.

23. M.-C. M. Kupfer, op. cit, p.128.

24. P. Willemart, "Psicanálise e Pedagogia: Transmissão e Formação", *Revista USP*, p.201.

25. S. Mallarmé, " Crise de vers ", em *Oeuvres Complètes*, p.368. Mas o alvo está explicado em *Le mystère dans les lettres* de 1896: "As palavras, por si mesmas, exaltam-se em muitas facetas [...] reconhecida a mais rara ou valiosa para o espírito, centro de suspenso vibratório; que as percebe independentemente da seqüência ordinária, projetadas, em parede de gruta, tanto quanto dura sua mobilidade ou princípio, sendo o que não se diz do discurso: prontas todas, antes da extinção, a uma reciprocidade de fogos distante ou apresentada de viés como contingência". Em I.Chiampi (coord.), *Fundadores da Modernidade*, p.131.

26. E. do P. Pfützenreuter, *O Desejo Material*, (dissertação inédita) e *Material Digital: Considerações sobre o Uso de Meios Digitais*, (tese inédita).

responde a uma demanda da sociedade e propõe, freqüentemente sem saber, seu desejo de ver, assim a criança lutando contra e com as cores, a argila ou o papel, encontra na arte mais uma ocasião de romper a ordem gozosa mantenedora do sintoma[27], esboçando ou afirmando seu desejo.

Para terminar, pergunto se ficamos no estruturalismo que, mesmo contando com a história, quer estruturar o não estruturado ou admitimos as novas descrições do universo baseadas no paradigma estabilidade-instabilidade que aceitam a desordem, o barulho, o ruído, provocadores de instabilidade e de estruturas dissipativas? Embora a finalidade da terapia seria de levar as crianças com problemas nas nossas zonas de estabilidade, aceitamos que elas vivem em zonas de estabilidade próprias e até de instabilidade? Descrever o indescritível ou o ininteligível dessas zonas de instabilidade não seria também uma das funções de "Lugar de Vida"?

27. M.-C.M. Kupfer, op. cit., p. 116.

2. Relato e/ou Construção: A Escritura de Caso

A partir do excelente estudo de Paul-Laurent Assoun sobre a narrativa freudiana[1], gostaria de pontuar várias afirmações e conceitos do psicanalista francês e aproximá-los da teoria literária.

Os psicanalistas em geral são escritores especiais, já que não escrevem a partir de experiências vividas pessoalmente ou imaginadas, mas a partir de casos que lhes são contados, de experiências ouvidas de analisando ou de intermediários, como o pai do pequeno Hans com Freud. Isto é, eles entram num processo já em curso ao ouvir a história e não participaram das condições iniciais do processo. Escrevendo, os analistas revezam o contador inicial, como fazem os contadores de histórias ou os escritores, que retomam lendas antigas e as introduzem numa narrativa. É uma primeira sobredeterminação e uma primeira tomada de poder.

Esse revezamento de quem fala por quem escreve implica já quatro mudanças.

A origem do discurso do analisando, como bem ressalta Assoun, é a neurose, enquanto a da escrita do analista é a audição do discurso do analisando. No entanto, o sofrimento transformado em discurso se faz ouvir pelos dois atores. É a pulsão do ouvir que modifica o discurso do analisando a medida em que se desenrola; há repetições, retomadas, bifurcações provocadas pelo que ele se ouve dizer. É a

1. P.-L. Assoun, *Introduction à la métapsychologie freudienne*, pp. 209-238.

mesma pulsão que age no psicanalista quando anota o que ele acha ter ouvido na hora, após a seção ou à noite.

Filtro nos dois atores, a pulsão pode parecer mais controlada no analisando, já que este pode modificar seu discurso na hora. A escuta do analista, pelo contrário, nunca é imparcial, seleciona partes do discurso retidas pela memória muitas vezes cansada por um dia de trabalho. A seleção não opera necessariamente no conteúdo, mas freqüentemente na forma ou no significante ao qual o analista associa[2]. Entretanto, não ousaria dizer que o discurso de um é menos inconsciente do que as anotações do outro. O inconsciente age também nas retomadas do discurso e que, por mais que o analisando queira modificar uma primeira frase, o inconsciente insiste usando formas diferentes. Isto é, a escrita do caso se baseia em dados orais filtrados.

Em seguida, sabemos que o analisando, contando sua história, vira narrador, enquadra os fatos e seus familiares num código padrão, que exige normas determinadas: os parentes tornam-se personagens, o contexto espaço-temporal é recriado e se não for interrompido, a cronologia é respeitada. O psicanalista, por sua vez, retoma suas anotações, cria uma narrativa, rascunha, se posiciona atrás do narrador inicial e o insere na narrativa como personagem. Há, portanto, uma dupla ficcionalização dos dois atores que ameaça a verdade do relato se é que essa verdade existe e que, ao mesmo tempo, recua a instância narradora de um furo.

O narrador do caso se superpondo ao narrador da história distancia-se da origem do primeiro discurso e pode, como o narrador de *Manon Lescault,* comentar as ações de sua personagem e até transformar o ator da ação em um ser imaginário.

Em terceiro lugar, passando do oral para a escrita, o psicanalista passa de um código para outro ou de uma sintaxe para outra, o que implica a submissão a regras diferentes. O discurso oral se repete, comete lapso, parece espontâneo, associa e pode se contradizer. A escrita, pelo contrário, procurando a coerência e o ordenamento do pensamento, evita repetições e lapsos se possível, segue um raciocínio lógico e exige rascunhos.

Em quarto lugar, os objetivos não coincidem. O analisando, em processo de transferência e tentando entender a lógica de sua vida, fala para o grande Outro representado por seu analista e ele mesmo. O analista, por sua vez, escreve para seus pares no desejo de transmitir algo, uma experiência ilustrativa ou um ponto novo da teoria. São duas lógicas diferentes que movem os dois narradores.

2. "Se há alguma coisa que possa nos introduzir à dimensão da escrita como tal, é nos apercebermos de que o significado não tem nada a ver com os ouvidos, mas somente com a leitura, com a leitura do que se ouve de significante. O significado não é aquilo que se ouve. O que se ouve é significante. O significado é efeito do significante.". J. Lacan, *Ainda*, p.47.

Resumindo, a escritura do caso de cada analista tem um prototexto amplo que inclui a tradição de expor ou de narrar casos clínicos, tradição que para Freud teve um modelo em Charcot[3], e na qual se insere o analista. As várias etapas do processo que se inicia com o médico da Salpêtrière, passam por Freud e se singularizam na história contada pelo analisando; há deslocamentos sucessivos que implicam perdas e acréscimos.

Entretanto, adotando a posição freudiana do "só depois", devemos analisar os antecedentes ou o prototexto a partir da última etapa do processo, a "escrita de caso", e não acompanhar a cronologia do processo, se quisermos entender a lógica que conduz a escrita.

A "escrita de caso" segue o que Daniel Ferrer destacou em *Genesis* a respeito do manuscrito:

> o batismo que fixa a referência não é inicial mas retrospectivo. A obra funciona como 'designador rígido' de sua gênese [...] nesse sentido, não é a gênese que fixa o texto, mas o texto que determina sua gênese [...] a teleologia não é um artefato crítico, e sim inerente aos mecanismos genéticos, (e sim) teleologia plural.[...] Cada variante, por mínima que seja, reescreve uma história que conduz até ela – inscreve-se *como* história e *numa* história que ela constitui ao mesmo tempo... donde a aporia: a impossibilidade de distinguir o que é antecipação dinâmica do estágio seguinte e o que é reinterpretação a partir do estágio seguinte. [...] o prototexto é o resultado de uma dupla decupagem: uma que o exclui constituindo o texto e a outra que o constitui excluindo o que não se deixa submeter à lei [...] donde sua condição dupla e contraditória de dejeto e de significante mestre... objeto do desejo[4].

Os fatos que fazem parte do prototexto do caso narrado – o sofrimento do analisando, seu discurso, a escuta e a tomada de notas do analista –, constituem um resto que tem o papel de significante mestre, isto é, de algo que, se lembrado, anula, ou pelo menos relativiza, o que foi escrito e provoca um novo texto. Quero dizer que o prototexto está no lugar do Outro ou do inconsciente e força o *scriptor* (termo de crítica genética, mas que Assoun usa também) a dialogar com ele[5]. É nesse jogo de bate-bola que o analista escreverá. É assim que Juranville descreve a pulsão de escrever: "O movimento que traça a letra é pulsional! Lacan diz assim que o literal, o que tem a ver com a letra, é o litoral. Beira da falha no saber enquanto a letra vem cercar a falha no saber que implica a idéia de inconsciente"[6].

Tentando articular esses pedaços do passado que entram no processo, o analista "não está aí de modo algum, ele é teleguiado"[7]. Por

3. P-L. Assoun, op. cit., p. 211.

4. D. Ferrer, "La Toque de Clementis", *Genesis* 6, p.100.

5. E. Lemoine-Luccioni, *L'histoire à l'envers. Pour une politique de la psychanalyse*, p. 171.

6. A. Juranville, *Lacan et la philosophie*, p.284.

7. J. Lacan, *Os Quatro Conceitos Fundamentais da Psicanálise*, p.111.

quem? Como todo artista ou escritor, escreve para o que ele imagina ser a demanda do Outro.

Em outras palavras, o analista, pressionado por sua instituição ou respondendo a um editor de revista psicanalítica ou querendo entender uma situação estranha no consultório, escreve sobre um caso. A demanda é real e o insere na estrutura psicanalítica, editorial ou pessoal. Esse Outro aguarda o artigo ou o livro. É o desejo do Outro que fundamenta a ação de escrever.

Uma vez engajado na escritura, o analista dispersa o desejo do Outro, dissemina-o contando o caso, quebra de um certo modo a demanda inicial, imagina e constrói o caso. Toda escritura de caso é construção e não relato. Primeiro, porque por mais que a história do analisando ou as condições iniciais se mantiverem, elas sofrem um desgaste por terem sido contadas duas vezes pelo menos, uma pelo analisando e uma pelo analista, o que supõe perdas de informações. Segundo, porque a inserção da neurose do analisando na teoria já existente permite comparações e ilumina o caso dando-lhe outra visão. Terceiro, porque essa mesma inserção pode oferecer uma compreensão original da teoria e elevar o caso à dimensão de um modelo como foram as cinco psicanálises famosas escritas por Freud: Dora, o pequeno Hans, o homem dos ratos, o presidente Schreber e o homem dos lobos.

CONSTRUÇÃO E NÃO RELATO

Na segunda parte do artigo, gostaria de aprofundar o conceito de "construção" que se opõe ao conceito de "relato". O analista não vai simplesmente contar o caso clínico como se fosse uma boa piada ou um fato que lhe aconteceu. A escritura do caso faz parte da categoria comentada por Freud no artigo "Construções", escrito em 1937. Embora o fundador da psicanálise use o significante "construção" para o trabalho clínico do analista, parece-me que podemos inferir de sua extenção para o que nos ocupa, a escritura de caso.

Por outro lado, vamos ver que Freud, "construindo" o caso Dora, ainda não tinha entendido, e nem poderia, a relação entre a teoria e a prática como a entendemos hoje. Iniciando a construção do caso Dora, em 1905, Freud diz porque escreve – pretende confirmar asserções de 1895 e 1896 –, justifica a eventual indiscrição em relação ao analisando invocando o dever com a ciência e, enfim, afirma que esperou quatro anos após o fim do tratamento para escrever.

Se seguirmos Freud, o analista deveria relatar o caso a partir de hipóteses que confirmam ou não a teoria. Raciocinando como um bom cientista do século XIX, Freud segue as etapas do raciocínio científico, articuladas por Claude Bernard: observar, emitir hipóteses, averiguar, editar uma lei.

Esses passos seduzem pela lógica, mas dificilmente encontram eco hoje porque encaramos a teoria de outro modo.

POSITIVISTA OU POPPERIANO

Partindo da teoria do filósofo alemão Karl Popper, talvez encontremos outra problemática: "O Marxismo e a Psicanálise estão fora da ciência precisamente porque pela natureza e pela estrutura de suas teorias, eles são irrefutáveis"[8]. Afirmação chocante que questiona o sistema psicanalítico hoje e me faz perguntar se admitimos o famoso critério de "demarcação ou de falsificabilidade", centro da epistemologia de Popper, a saber, a possibilidade da refutação do sistema pela experiência. Em outras palavras, será que nos opomos, como ele, à ciência positivista que "contenta-se de uma visão unilateral – a averiguação pelos fatos – em vez de aceitar a dupla natureza da ciência que é, ao mesmo tempo, conjecturas e refutação?"[9]

Nesta perspectiva, a escritura de caso deve posicionar-se como uma maneira de não confirmar a teoria, mas testá-la, acrescentar elementos e eventualmente, mudá-la. A descoberta científica é condicionada a essa premissa. Essa orientação valoriza o presente da relação psicanalítica e coloca a escritura do caso como um lugar central do debate psicanalítico.

ESCRITURA DO CASO COMO UM LUGAR CENTRAL DO DEBATE PSICANALÍTICO.

No entanto, o analista deve manter elementos fundamentais da teoria psicanalítica, qualquer que seja o caso, o que lembra Blanchot: "[...]a psicanálise é provavelmente a primeira ciência que não cede sobre a primazia deste impensável, renomeado pulsão de morte, umbigo do sonho, recalque originário, judeu etc."[10].

Iria um pouco mais longe e acrescentaria que as obediências, freudiana, kleiniana, jungiana, bioniana, lacaniana e outras, ao mesmo tempo em que facilitam a compreensão do caso, dificilmente permitem o distanciamento inovador. Esses teóricos deram uma grade de compreensão da clínica, acrescentando ou mudando as referências do fundador anterior. Os registros de Lacan, por exemplo, substituindo a segunda tópica freudiana amplificam o poder de descoberta do fundador.

Como encontrar um argumento que permita ao analista distanciar-se do apoio teórico habitual, considerar o caso como o eixo central do debate psicanalítico e narrar o caso de uma maneira diferente?

8. K. Popper, *La logique de la découverte scientifique*, p.3.
9. M. Blanchot, *Conjectures et réfutations*, p.610.
10. Idem, *Le Livre à venir*, p.123.

Elias Canetti defendia a irregularidade do verdadeiro saber: "Quando acontece um salto no real, é de lado, como o cavaleiro do xadrez. O que progride de maneira retilínea e previsível é insignificante. É somente decisivo o saber sinuoso e, sobretudo, lateral"[11]. Não é, portanto, querendo encontrar luzes somente na teoria, qualquer que seja, que o analista pegará uma trilha diferente, mas é, cultivando outros saberes. Os fundadores não se privavam dessas fontes alternativas: a literatura, a medicina, a filosofia, a antropologia etc. para Freud; a lingüística, a filosofia, a matemática, a lógica, a topologia, a literatura etc. para Lacan. Eles não paravam de consultar outros campos do saber e, honra seja feita aos psicanalistas que escrevem, essa interdisciplinariedade é generalizada entre nós.

O USO DE OUTROS MODOS DE INTELIGIBILIDADE

Em outras palavras, usando outros modos de inteligibilidade do mundo, o psicanalista poderá sair dos quadros habituais da clínica, renovar a leitura de seus casos e oferecer aos colegas uma outra compreensão do sofrimento de seus analisandos.

O que poderia mudar na teoria analisando o caso ouvido no consultório? Se a teoria é essencialmente o que Lacan incluiu no registro do Simbólico: pontos de referência, estrutura e quadro do que acontece, o analista deverá buscar uma contextualização maior ou uma unidade menor. No primeiro caso, poderia pensar nas ciências da mente, no segundo, nos fractais. São campos novos do saber que talvez forneçam uma inteligibilidade diferente. Não estou defendendo essas duas novas abordagens, embora já as tenha usado, são apenas exemplos. Estaria mais propenso a iluminar a clínica a partir da literatura e das artes como fizeram Freud e Lacan[12].

UM EXEMPLO NA LITERATURA

Um exemplo, tirado do segundo volume de *Em Busca do Tempo Perdido* de Proust, ilustrará o argumento: "Jamais vemos os entes queridos a não ser no sistema animado, no movimento perpétuo de nossa incessante ternura, a qual, antes de deixar que cheguem até nós as imagens que nos apresentam sua face, arrebata-as no seu vórtice, lança-as sobre a idéia que fazemos deles desde sempre, fá-las aderir a ela, coincidir com ela"[13].

Sem o saber, o narrador retoma neste trecho o conceito de fantasma, melhor descrito aqui que na teoria psicanalítica. Ele distin-

11. E. Canetti, *Le Collier de mouches*.
12. P. Willemart, *Além da Psicanálise: as Artes e a Literatura*.
13. M. Proust, *O Caminho de Guermantes*, p.126.

gue três elementos: a ternura, as imagens e as idéias. O primeiro supõe uma espécie de mar, que envolve os seres que se amam e circulam entre si formando sistema, o segundo, uma multidão de imagens que se acumula e chega aos nossos olhos, não segundo o critério da verdade, mas segundo o da ternura. O terceiro enfim, "a idéia que tínhamos de alguém desde sempre", o "desde sempre" devendo ser entendido como desde a infância, supomos, mundo que tem essa conotação de eternidade e para a maioria de nós, de paraíso. Esses três elementos profundamente imbricados formam um sistema em movimento. O fato de revolver em torno da pessoa amada não torna necessariamente a relação mais real ou mais verdadeira, pois o passado e a ternura que enquadram o presente minimizam este último. O verdadeiro opõe-se à ternura assim como o presente ao passado[14].

Pela exploração da relação entre o herói e a avó, o narrador proustiano permite, assim, não estabelecer um diagnóstico, mas entender um pouco mais, não apenas a relação entre o presente, o passado e como circulam a verdade e o imaginado entre dois entes que se querem, mas, sobretudo, como esses elementos fazem sistema nesse mar de ternura. Tem outros exemplos neste livro ao qual reenvio o leitor e que contribuem a "encontrar uma inteligibilidade maximal da natureza construindo novas estruturas mentais"[15], ou mais claramente a propor outros modelos que se superpõem aos modelos tradicionais[16].

A ESCRITURA DE CASO COMO RESTO

Por que o analista opera uma seleção das histórias ouvidas no consultório? Por que a escolha de um caso e não de outro?

Há várias respostas. Porém há uma que, com certeza, encontra uma certa unanimidade entre os analistas. O escritor de caso acha que, apesar da teoria existente e da experiência enorme que se acumulou desde a fundação da psicanálise, ele descobriu algo novo que contribuiria para a reconstrução da teoria. Ele acha que entre as pedras que constituem o arcabouço da teoria, há interstícios ou vazios a serem ocupados. Ou, retomando as palavras de René Thom, direi que o espaço semântico constituído de conceitos em conflito uns com os outros, e, portanto com fronteiras e mecanismos de regulação[17], sofre o impacto da clínica e obrigam os conceitos fragilizados a admitir outros conceitos e a reorganizar seus espaços e suas relações

14. P. Willemart, *Educação Sentimental em Proust*.

15. R.Thom, *Esquisse d'une sémiophysique. Physique aristotélicienne et Théorie des catastrophes*, p.12.

16. "Mas quando falamos da ordem simbólica, há começos absolutos, há criação". J. Lacan, *O Eu na Teoria de Freud e na Técnica da Psicanálise*, p. 365.

17. R.Thom, *Paraboles et Catastrophes*, p.140.

ou, segunda possibilidade, o conceito admitido por todos sofre um abalo, torna-se puro significante[18] e recebe um outro sentido. A clínica provoca uma ruptura de saber[19] que o analista quer sanar. É, portanto, o que a teoria existente não explica ou deixa confuso, "o resto", que age e empurra o analista a escrever.

18. É o que Thom chama "eliminação do semantismo dos conceitos", etapa necessária em ciência numa boa metodologia. J. Petitot, "Structuralisme et phénoménologie:la théorie des catastrophes et la part maudite de la raison". *Logos et Théorie des catastrophes. (A partir de l'oeuvre de René Thom)*, p.349.

19. "esta solidão, ela, de ruptura de saber, não somente, ela pode se escrever, mas ela é o que se escreve por excelência, pois ela é pega de uma ruptura do ser". S. Leclaire, *Démasquer le réel*, p.109.

3. Aracne e o Feminino

Conta o mito grego que:

Aracne era filha de Ídmon, um rico tintureiro de Colofó. Aracne era uma bela jovem da Lídia, onde seu pai exercia sua profissão. Bordava e tecia com tal esmero, que até as ninfas dos bosques vizinhos vinham contemplar e admirar-lhe a arte. A perícia de Aracne lhe valeu a reputação de discípula de Atena, mas dentre os dotes da fiandeira lídia não se contava a modéstia, a ponto de desafiar a deusa para um concurso público. Atena aceitou a provocação, mas apareceu-lhe antes sob a forma de uma anciã, aconselhando-a que depusesse sua hybris, sua desmesura, seu descomedimento, que não ultrapassasse o metrón,– que fosse mais comedida, porquanto os deuses não admitiam competição por parte dos mortais. A jovem, em resposta, insultou a anciã. Indignada, a deusa identificou-se e declarou aceitar o desafio. Depuseram-se as linhas e deu-se início ao magno certame. A filha das meninges de Zeus representou em lindos coloridos, sobre uma tapeçaria, os doze deuses do Olimpo em toda sua majestade. Aracne maliciosamente desenhou certas histórias pouco decorosas dos imortais, principalmente as aventuras de Zeus. Atena examinou atentamente o trabalho: nenhum deslize, nenhuma irregularidade. Estava uma perfeição. Vendo-se vencida, ou ao menos igualada em sua arte por uma simples mortal e furiosa com as cenas criadas pela artista, a deusa fez em pedaços o lindíssimo trabalho de sua antagonista e ainda a feriu com a naveta. Insultada e humilhada, Aracne tentou se enforcar, mas a rival divina não o permitiu e sustentou-a no ar. Em seguida transformou-a em aranha, para que tecesse para o resto da vida. Esse labor incessante se configura numa terrível punição.

Sob a aparência do gesto sempre igual decorrente de uma técnica apurada e de uma agilidade sem par, Aracne, aproveitando sua mestria, desvia do habitual representado, não repete, não se deixa dominar pela mecanização do gesto, transforma o desenho e lhe dá um caráter inédito que ofende a deusa. Não quero dizer que Aracne domina a mão ou os dedos, mas, pelo contrário, ela se deixa guiar pelo fio, a cor do fio, a sua grossura, a agulha, o desenho já iniciado, isto é, pela matéria trabalhada e, em seguida, pela tradição, as histórias contadas, o modo de representar, isto é, pela mente. A aliança da mente e da matéria provoca a criação.

Reconhecendo a arte de Aracne, Atena, ciumenta, destrói a obra e transforma a artista em aranha. Uma mulher tinha superado a deusa. Sublimar consistiria em inventar até se igualar a uma deusa? Não diria isso.

Atena não é qualquer deusa. Zeus a gerou sozinho na época em que não havia ainda homens e mulheres. É a época dos mitos, se eu admitir a versão de Eugénie Lemoine-Luccioni no seu último livro[1]. Quando Atena encontra sua rival, uma verdadeira mulher, trata-se da luta entre dois regimes, dois universos, o dos mitos antes da sexuação e o da humanidade sexuada. A luta não é, portanto, entre duas mulheres, mas entre um mundo sem e um mundo com a diferenciação sexual, um mundo hermafrodito e um mundo heterossexual. O fim da história é sintomático. Não podendo concorrer com uma mulher, a deusa a reduz a um inseto que repete sempre o mesmo desenho. Isto é, a vingança de Atena se traduz na eliminação da qualidade que faz de Aracne uma mulher pertencente à humanidade, e, conseqüentemente do caráter artístico de sua obra. O animal não sublima nem cria obras de arte. A sublimação funciona num contexto cercado por três vertentes: a humanidade oposta à animalidade, uma humanidade sexuada oposta aos mitos e uma obra de arte superior a dos deuses.

Continuando a leitura, percebemos que o conteúdo da obra de Aracne é também sintomático já que ela "desenhou certas histórias pouco decorosas dos imortais", o que eu chamaria do mergulho dos deuses nas paixões que definem os homens. Aracne não somente reconhece sua pertença a um mundo sexuado, mas força os deuses a admitir a dimensão do desejo sexual, que ela socializa e traduz em arte. Atena dificilmente podia reconhecer a inserção dos deuses neste mundo, que supõe o desejo de dois parceiros, contrariando a sua origem hermafrodita, e uma travessia no tempo. Entrar no tempo é participar com certeza da finitude humana. Sublimar seria, portanto, sair do tempo e voltar ao mundo dos mitos e da a-sexuação?

Temos que separar as duas modalidades. Atena, a deusa da sabedoria e da razão, ficou com ciúme e inveja de Aracne porque achava que uma humana sexuada não poderia superar uma deusa toda poderosa acima da diferenciação sexual. Erro profundo, a/o artista sempre em posição feminina, precisa pertencer ao mundo sexuado, precisa exercer seu desejo do corpo do Outro (a) no qual ele/ela en-

1. E. Lemoine-Luccioni, *Entrer dans le temps*, p.127.

contrará o fundamento de seu ser. Desse grande Outro, pode fazer parte o público e a mídia, mas não é essencial. O artista pode trabalhar para uma outra geração, como Stendhal que pretendia escrever para a geração de 1935 quando terminava *A Cartuxa de Parma* em 1841. Mas o grande Outro para o artista é essencialmente a linguagem, na qual ele mergulha e espera encontrar seu ser, que Proust chamou o eu profundo.

Esse mergulho no grande Outro, que é a linguagem ou o código escolhido, situa quase automaticamente o artista fora do tempo calendário ou cronológico. Não é, no entanto, a volta à eternidade dos deuses que significa uma sacralização da obra como alguns artistas gostariam, mas, seguindo o narrador proustiano, uma entrada no tempo das revoluções no sentido astronômico do termo ou no tempo galáctico[2]. Isto quer dizer que quanto mais o artista intensifica sua relação com a linguagem, transferindo nela seu RSI, submetendo-se a ela, mais ele tem chance de dizer, escrever, pintar, esculpir e tecer um saber original que, em seguida, será oferecido ao público que poderá, tal como o povo judeu quando Moisés desceu do Sinai com as tábuas da Lei, aceitar ou recusar o novo dom. Esta seria minha definição da sublimação artística que completa a de Regina Fabbrini na sua pesquisa.

Até agora, não fiz a distinção entre o artista homem e a artista mulher, mas parti da posição feminina que afeta, ou melhor, na qual qualquer artista descansa. Não podemos, todavia, confundir a condição inicial da criação, que é a atitude feminina, e o resultado que pode ser, segundo alguns, mais masculino ou mais feminino. Roudinesco, no entanto, após ter lembrado a polêmica sobre a escritura feminina ao redor de Michelle Montrelay, Marguerite Duras, Lacan, Helena Cixous, Luce Irigaray, Simone de Beauvoir etc., chega à conclusão que "a escritura jamais se inscreve nas malhas de uma sexuação qualquer". Será que é tão claro?

A mulher não existe, *uma* mulher existe livre para escolher entre o mundo fálico e outra coisa, o que faz que ela não é toda. Lá estaria a diferença entre as duas posições, a atitude masculina deve se conformar com a posição fálica no seu gozo e a atitude feminina, não toda, pode se contentar ou não deste gozo fálico.

Mas onde se situa o gozo do artista, do inventor ou do criador? Depende do ser biológico? É diferente do gozo fálico que supõe a morte e a finitude ou do não todo?

Lacan, brincando com a letra, leu a ordem do desejo ao ser falante: *Jouis!* (Goza!) *J'ouis!* (Eu escuto!) O gozo consiste em ouvir um outro gozar. Posso traduzir e dizer que o artista goza ouvindo o público reconhecendo, lendo, aproveitando sua obra e, portanto, go-

2. P. Willemart, *Proust, Poeta e Psicanalista*, p.192.

zando? Não somente. Lacan faz alusão ao passado, a algo ou alguém que gozou ou que pensa que gozou (estamos no Imaginário) e que serve de referência ao gozo atual do sujeito.

Se o gozo é definido como um além do prazer, um além da felicidade – lembremos o texto de Lacan, *Kant com Sade* –, algo que faz sentir a falta e sofrer, uma situação na qual o artista assume alternadamente as posições sadomasoquistas com o código escolhido, é possível diferenciar o artista homem e a artista mulher?

O trabalho artístico que, essencialmente sai da repetição para a invenção, exige paciência, tempo para escutar os terceiros, escrever, voltar à página, rasurar, re-escrever para tentar encontrar outras articulações de palavras, de linhas, de cores etc., o que não diferencia o homem da mulher. Podemos sustentar uma escritura ou uma arte judia ou soviética, nazista ou fascista, cristã ou muçulmana, porque atinge e sensibiliza o público mergulhado nestas ideologias ou religiões, mas defender uma arte tipicamente masculina ou feminina parece difícil.

Em todo caso, a verdadeira arte não é universal? Não é a que toca qualquer habitante da terra independentemente da crença, da ideologia ou do sexo? Nesse sentido, a arte não depende muito mais de uma estética do artista, leitor, do espectador, do auditor?

Voltamos assim à categoria do homem universal, não a dos deuses antes da diferenciação sexual, mas a dos homens e das mulheres que passaram por ela, que sofreram com a castração e que viveram o gozo fálico.

Resumindo, o artista não trabalha para si mesmo, imagina o que o público espera dele, qual é a estética dele, já que ele quer agradar e vender, *é o desejo do Outro* que manda, mas, pelo trabalho com a linguagem, ele é forçado a responder de uma outra maneira: Lacan sintetizou esse caminho afirmando que o sujeito do inconsciente do pintor Matisse é teleguiado pelo desejo, não *do* grande Outro, mas *ao* grande Outro.

Retomando a lenda de Aracne, constatamos que, no decorrer da história, o homem imitando Atena tentou continuamente confinar a mulher em papéis repetitivos e pouco criativos. É difícil, portanto, não confundir a posição feminina destacada por Lacan nas fórmulas da sexuação do *Seminário 20* e a posição social da mulher, quase sempre oprimida pelo homem em todas as sociedades até o século passado quando melhorou um pouco sua inserção no mundo ocidental. Entretanto, a posição feminina não decorre absolutamente do fato de ter sido determinada mulher pela linguagem.

Discriminada em geral na história da humanidade, amada e odiada, sucessivamente chamada, por exemplo, "esposa do Cristo" e "portão do diabo", vinculada à mentira, à poesia e à confusão, ao material e ao contingente, em contraste com o masculino que estaria ao lado do espírito, da forma e da divindade, a mulher deve não somente resgatar seus direitos, mas sofrer uma sublimação própria.

No nível da criação artística, convenhamos que não há distinção de sexo porque a entrada na linguagem artística afoga as origens; o estudo dos manuscritos de um autor ou dos esboços de um pintor comprova a distância entre o projeto inicial e o texto entregue ao editor ou a tela ao marchand; o artista teve tempo e espaço para perder-se, submetendo-se à linguagem usada. Mas no plano da sublimação pelo divã e pela vida, as condições iniciais importam sim e continuam orientando a resolução dos conflitos.

Como conceituar esse elemento feminino da sublimação?

Regina Fabbrini o define como

> o que escapa ao discurso, as brechas, os vazios, o não apreendido [...] o feminino é aquele que suporta a falta [...] (ele) explora a fecundidade contida nestes ocos, nestes nadas, nestas migalhas, nestes restos [...] algo que rebelde não se dobra, que escapa, aquilo que justamente não se pode escrever [...] [o feminino como] o que escorre pelos buracos da Razão[3].

Poderia ser uma oposição proustiana, a sensação contra a inteligência, o sabor da madeleine que, misturado ao chá, desencadeia associações que leva ao Combray da infância, contra a lembrança voluntária que apenas leva ao quarto do herói ou o narrador de *Em Busca do Tempo Perdido* contra Sainte-Beuve. Mas como estamos no reino da lógica, ou melhor, do discurso no qual a distinção cartesiana das qualidades do ser humano não ocorre, não podemos encarar a linguagem como "expressão" de sensação ou da inteligência, da sensação voluntária ou involuntária .

Obrigada a usar "a lógica do todo, a lógica fálica, universal ou clássica", a sublimação feminina se mostraria nos interstícios, nos intervalos, no "entre deux". O que seria esse conceito "entre", suporte da sublimação feminina. Entre um significante e um outro, ela estaria no próprio salto, na curva entre dois significantes, na afânise provocada pelo salto na qual o sujeito soma. E conseqüentemente, ela estaria enrobada do gozo provocado pelo esvaziamento do significante, até recuperar um outro sentido.

Em outras palavras, a sublimação dita feminina ou de interstícios, mergulharia o certo do significante cheio na indeterminação do incerto, até ser recuperada pelo novo sentido do significante. A ousadia do pulo marcaria a sublimação feminina e confirmaria a passagem pelo Outro *real*, posição feminina por excelência nas fórmulas da sexuação. Isto é, não há sublimação dita masculina significada pelo Outro simbólico que não passe pelo Outro real. Em outras palavras, não há sublimação masculina nem feminina. Há sublimação.

Insista não no *fiar e destecer*, mas no destecer de Penélope que gera um novo tecer e completaria o título da pesquisa de Regina

3. Regina Fabbrini, *"Fiar e Destecer" - as Marcas do Feminino nos Processos de Criação.*

Fabbrini com o segundo movimento de reconstrução: *fiar, destecer, fiar*, ressaltando o destecer, marca do feminino em qualquer processo de criação e qualquer sublimação. Nesse sentido, "nada é mais consistente que um buraco", só que verei o buraco como representante dos excluídos ou da marginalidade, proposta de Virgínia Woolf, mas como parte de um movimento maior de resgate após o esvaziamento.

Neste destecer, encaixa-se qualquer movimento ou reivindicação feminista, porque é desfazendo o que foi construído pela sociedade dos homens que homens e mulheres farão uma sociedade mais igual como já aconteceu em vários países.

A história recuperará o feminino se for atento ao movimento de esvaziamento que antecede qualquer construção, filosófica, psicanalítica, qualquer constituição de um lar, de uma família ou de uma sociedade. A atitude feminina se localiza no desfazer e no destecer.

Concluindo, direi que não há arte masculina ou feminina, ou qualquer arte exigindo uma atitude feminina durante o processo de criação. Entretanto, uma arte será vista ou percebida como feminina ou masculina dependendo da estética e do desejo de cada um. O autor não é o leitor ou o espectador.

Não há também uma sublimação masculina ou feminina já que toda sublimação comporta um desfazer e um fazer.

O erro de Aracne não foi de executar um trabalho mais ou tão perfeito quanto de Atena, nem de ter zombado de Zeus lembrando suas paixões, mas de ter mantido uma atitude masculina ligada ao poder que a identificava a uma deusa acima da diferenciação sexual. Fazendo corpo com sua obra, presa à *mania* e a seu orgulho, ela somente via seu trabalho como um meio de vencer Atena e não como uma obra de arte a ser oferecida ao público. Numa relação de espelho com a obra, alimentando a inveja de Atena, estava assim impedida de desfazer-se dela. O tecer não incluía um destecer. A sublimação não aconteceu e ela foi condenada à repetição eterna. Faltou-lhe a pergunta essencial que todo analista faz indiretamente a cada intervenção durante a sessão, "o que queres?", insistindo no desejo que subentende qualquer demanda. Repetir ou sublimar é o dilema do homem.

4. As Representações do "eu" em Freud e Proust na *Belle Époque*

Proust nasceu em 1871 e morreu em 1922, isto é, viveu toda a *Belle Epoque* situada entre duas guerras; a primeira provocada pela invasão da França por Bismark e Guilherme I, em 1870, e a segunda iniciada com a mesma invasão por Guilherme II, o neto do primeiro. Entre as duas guerras, a França passa por um período de extensão colonial, de reforma do ensino, da criação de uma previdência social, da liberdade sindical, de crescimento das cidades (Paris cresce em mais de um milhão de habitantes no período) e de prosperidade mínima para todos. Antes do nascimento de Proust, o barão Haussmann preparou o contexto físico da *Belle Epoque* redesenhando e transformando Paris com Napoleão III, o que não deixou de fascinar os engenheiros brasileiros e a elite carioca que ali estudaram.

É nesse clima, nessas estruturas simbólicas que se insere o jovem Marcel Proust, nascido numa família abastada, sendo o pai professor na faculdade de medicina, e a mãe com excelente formação literária.

Freud, de uma geração anterior, nasceu em 1856, viveu a modernização de Viena e conheceu a *Belle Epoque* em Paris por apenas cinco meses, quando estudou com Charcot em 1885. Essa curta temporada lhe foi suficiente para ultrapassar a posição científica do grande médico da Salpêtrière. Ouvindo o discurso das histéricas, Freud deduz que há um outro saber que fala e age. O médico não toca nem examina o paciente para estabelecer seu diagnóstico, mas escuta-o.

O ouvir torna-se a arma inédita da nova aproximação do homem. O médico valoriza o discurso do paciente e aprenderá a escutar[1].

Esse outro saber supõe um outro sujeito que se opõe ao dos cientistas e particularmente ao dos médicos da época, imbuídos da tradição filosófica reforçada pelo positivismo que acreditava na unicidade do sujeito e na objetividade da observação.

A psicanálise nasceu quando Freud não só descobriu esse saber ignorado, mas quando lhe deu o nome de inconsciente supondo-lhe uma lógica e uma racionalidade. Ele imaginou então uma estrutura psíquica diferente no homem. Há dois sujeitos, dois saberes, duas memórias. A unicidade do sujeito sumiu junto com sua responsabilidade moral e judicial. O conceito de normalidade ficou abalado, o que reforçou o movimento iniciado pela psiquiatria de Philippe Pinel no final do século XVIII ao separar, nas cadeias de Paris, os loucos dos criminosos.

Mas todos os médicos não concordavam com essa divisão. Pierre Janet defende, desde 1889, o automatismo e a análise psicológica baseados na pesquisa consciente, conceitos e prática que concorrerão com as teorias freudianas até 1915[2].

Elizabeth Roudinesco quis encontrar em *Le Horla*, de Guy de Maupassant, escrito em 1886, o prenúncio "do inconsciente que será freudiano"[3], o que contesto. Maupassant tinha assistido às aulas de Charcot de 1884 a 1886 no Hospital da Salpêtrière, no qual deve ter encontrado o jovem Freud, mas, como já foi lembrado, o conto descreve um ser misterioso que obsede o personagem principal, mas não faz parte dele.

Se não levarmos em conta as narrativas literárias e científicas de sonhos, comuns em literatura de línguas inglesa e francesa, Roudinesco esquece pelo menos uma tradição literária de língua inglesa que tinha antecedido Maupassant e na qual já apareciam seres estranhos. Munira Mutran lembra vários fatos literários neste sentido[4]. Poe escrevia *William Wilson*, em 1839, no qual o personagem principal era perseguido por seu duplo, uma espécie de supereu, que ele mata no final. O mesmo ano da saída do *Horla*, Robert Louis Stevenson publicava o famoso conto *The Strange Case of Dr. Jekyl and Mr. Hyde* no qual dois "eu" se enfrentavam. Antes de Poe, entretanto, James Hogg tinha escrito *The Private Memoirs and Confessions of a Justified Sinner*, em 1824, encenando um "eu" dilacerado.

Essas narrativas mostram que as preocupações dos escritores com o sujeito dividido e com esta parte de nosso ser não dominada

1. E. Roudinesco, *Histoire de la psychanalyse en France I*, p. 39.
2. E. Roudinesco & M. Plon, *Dictionnaire de la psychanalyse*, p. 536.
3. E. Roudinesco, ibidem, pp. 76-80.
4. M. Mutran, *Álbum de Retratos*, p. 88.

pela razão, convergem com as dos cientistas da época, já que todos participam dos mesmos estratos do saber, mas ao mesmo tempo sublinham as divergências de Freud com Proust.

É nesse ambiente, no entanto, que Proust escrevia o romance póstumo *Jean Santeuil*, entre 1895 e 1900, sem contato aparente com essa literatura de língua inglesa embora lemos neste romance: "Mas um autor até sua morte fica uma coisa que pode ser modificada e precisa que o pensamento que está nele absorva seu ser inteiro, tanto que, o que ele dirá será a linguagem mesma do pensamento"[5].

Fazer a diferença entre o pensamento e o ser do autor anuncia uma posição que será explorada mais tarde.

Nesses anos, a psicanálise dava seus primeiros passos em Viena, cidade na qual Freud publicava *A Interpretação dos Sonhos* em 1900. Desde 1908, três anos após a morte da mãe, Proust começará a preencher os *Cadernos* que se tornarão *Em Busca do Tempo Perdido*. O primeiro volume, *Swann*, será entregue à editora Grasset em 1913, véspera da guerra, e em 1919, o mesmo volume será aceito na editora Gallimard.

Embora sabemos quase com certeza que Proust nunca tinha lido Freud, encontramos na *Busca do Tempo Perdido*, 140 vezes a palavra sonho, 14 vezes, "inconsciente" e uma vez, "lapso". No *Tempo Redescoberto*, o narrador diz explicitamente que "o sonho incluía-se entre os fatos de minha vida que mais me haviam impressionado, que me deveriam ter convencido do caráter puramente mental da realidade, de cujo auxílio não desdenharia na composição de minha obra"[6].

Lapso, inconsciente ou sonho significam para nós um Outro que age diferente do "eu quero" e que muitas vezes, segundo Freud, se não sempre, empurra o "eu quero" a fazer o que o Outro quer.

O narrador proustiano não raciocinava nestes termos. Mesmo usando essas três palavras e admitindo que com o sono,

> é como um segundo apartamento que possuíssemos e, onde, abandonando o nosso, tivéssemos ido dormir (porque) tem campainhas próprias [...] tem seus criados [...] a raça que o habita, como a dos primeiros humanos, é andrógina [...] o tempo que decorre [...] é absolutamente diferente do tempo em que transcorre a vida do homem acordado[7].

Proust não é Freud.

Com 17 anos, numa carta a Robert Dreyfus, Proust já expunha sua teoria da multiplicidade dos "eu" que dizia inteiramente pessoal, mas que Marco Piazza aproxima de Taine[8]. Por outro lado,

5. M. Proust, *Jean Santeuil II*, p. 249.
6. Idem, *O Tempo Redescoberto*, p.187.
7. Idem, *Sodoma e Gomorra*, p.300.
8. M. Piazza, "Proust et la multiplicité des moi", *Bulletin d'Informations Proustiennes*, 28, p.117.

um texto de Fernand Gregh, "Mystères", publicado em 1896 em *La Revue Blanche* [...] mostra que a tentativa proustiana (a explicação da lembrança causada pela sensação devida à memória involuntária) não está isolada no século[9].

Não vou, no entanto, levantar as leituras de Proust, mas sim, as de seu narrador que tenta entender as relações entre os dois mundos.

O narrador usa um outro vocabulário que muitos conhecem: a memória involuntária, a memória voluntária e o "eu" verdadeiro. O conceito de memória involuntária é lido apenas uma vez e a memória voluntária ou da inteligência quatro vezes, mas o "eu" verdadeiro ou semelhantes (*le moi véritable ou le vrai moi*), 723 vezes. Entretanto, estas estatísticas enganam porque o narrador invoca a memória involuntária indiretamente ao longo de muitas páginas, por meio das experiências demais conhecidas como a da Madeleine, que lembra Combray, a cidade da infância, a da colher que toca o prato, lembrando o martelo que toca a roda do trem, a da desigualdade do pavimento do pátio de Guermantes, lembrando o batistério de São-Marcos etc.

Portanto, o narrador proustiano admite, também como Freud, um sujeito duplo pelo menos, mas atingível por experiências, diferentes do divã ou do sonho.

A representação do sujeito está de qualquer forma abalada. Ambos desconfiam, Freud do "eu" imaginário ou empírico, o narrador proustiano do "eu" de hoje, do "eu" do presente ou do "eu" esquecido.

Resta ver quais são as diferenças entre os dois sujeitos, o freudiano e o proustiano. Por outro lado, determinando as características do sujeito proustiano, talvez possamos enriquecer o conceito psicanalítico e apontar uma representação inédita do sujeito.

Antes, devo dizer que não se trata de determinar o sujeito de uma personagem proustiana, mas da concepção do autor Proust que se desprende de sua escritura.

Vou proceder da seguinte maneira. Comparando citações tiradas do *Tempo Redescoberto* ao que Freud e Lacan escreviam, espero determinar, com mais clareza, qual a representação do sujeito defendida por ambos e indicar, assim, alguns mecanismos que favoreceram o clima da *Belle Epoque*.

1. No *Tempo Redescoberto*, Proust distingue o "eu" visto pelos outros que o obrigaria a receber visitas e a responder a cartas, do "'eu' verdadeiro", com quem o primeiro deve ter "uma entrevista urgente"

9. J.-M. Quaranta, "Comment dire? Expression de l'altérité et Mémoire Volontaire du Carnet 1 à 'Proust 45'. Marcel Proust 2 ", em *Nouvelles Directions de la Recherche Proustienne*, p. 55.

para escrever o livro, encontro que elimina visitas e cartas[10]. Os dois "eu" tem sua base no mesmo corpo, mas um é voltado para fora e o outro para a escritura. Isto é, enquanto um "eu" mostra um ser social limitado a contatos sempre superficiais com os outros, o segundo, inserindo-se na linguagem pela escritura, descobre outros continentes, e os descreve rascunhando cadernos e cadernos.

Já no *Contre Sainte-Beuve*, datado de junho de 1908, Proust opunha a teoria da conversação de Sainte-Beuve à criação literária: "um livro é o produto de um outro eu que o que manifestamos em nossos hábitos, na sociedade, em nossos vícios. Este eu, se quisermos entendê-lo, é no fundo de nós mesmos, tentando recriá-lo em nós que podemos conseguir"[11]. No *Swann* de 1911 e na *Matinée chez la Princesse de Guermantes*, Proust desenvolve o tema por vagas sucessivas como de costume, sem muito acréscimo em relação ao *Swann* do qual ele tinha tirado o trecho para inseri-lo no Cahier 57[12].

Não é, portanto, pela sugestão sob a hipnose, nem pela análise psicológica de Janet, nem seguindo a tradição irlandesa ou francesa que Proust chega ao verdadeiro eu, mas opondo sua experiência de escritor à teoria de Sainte-Beuve. A prática questiona a teoria como Popper o sugeriu mais tarde[13].

Proust tinha acesso a este outro continente chamado inconsciente, não pelo discurso, os sonhos e os lapsos, mas pela arte de escrever, ou melhor, de rascunhar. Freud escutava Anna O ou Berta Pappeheim, Proust escrevia a *Busca do Tempo Perdido*. O papel do Outro está em Freud ou na escritura. O inconsciente surge na voz do analisando ou na escritura. Ambos sublinham o sujeito dividido.

10. "Mas, a quem me visitasse ou convidasse, eu teria a coragem de responder que, a fim de ser informado de coisas essenciais, tinha uma entrevista urgente, importantíssima, comigo mesmo. E entretanto, embora quase não existam relações entre nosso eu verdadeiro e o outro, pode parecer egoísmo, em virtude da homonímia e do corpo comum a ambos, a abnegação que nos leva a sacrificar os deveres mais fáceis e até os divertimentos". M. Proust, *O Tempo Redescoberto*, p.244.

11. Idem, *Contre Sainte-Beuve*, pp.220-221. A oposição é retomada em vários Cahiers: "os livros são a obra da solidão e os filhos do silêncio".(les livres sont l'oeuvre de la solitude et les enfants du silence; Cahier 29), "Os livros são os filhos do silêncio e não devem ter nada em comum com os filhos da conversação". ("Les livres sont les enfants du silence et ne doivent avoir rien de commun avec les enfants de la causerie; Cahier 57). Bernard Brun, " Le destin des notes de lecture et de critique dans 'Le Temps Retrouvé'", *Bulletin d'Informations Proustiennes*.

12. Idem, "Matinée chez la Princesse de Guermantes ", *Cahiers du Temps Retrouvé*, p.107. O comentário se relaciona aos artigos de Bernard Brun. "Une des lois vraiment immuables de ma vie spirituelle"; "Quelques éléments de la *démonstration* proustienne dans les Brouillons de Swann", *Bulletin d'Informations Proustiennes*, 10 e "*Le Temps Retrouvé* dans les avant-textes de Combray", idem, n.12.

13. K. Popper, *La logique de la découverte scientifique*.

No entanto, o que chama atenção é o papel do corpo em ambos. Freud liga o inconsciente ao Édipo que sofria de um saber não sabido; o sofrimento corre junto com esse saber, ou melhor, ignorando ser filho de Jocasta e Laio, Édipo mata o pai e casa com a mãe, o que gera o padecimento do herói, a sua paixão. O querer de um "eu", motivado é verdade, por uma doença não controlável e epidêmica, a peste, provoca a volta de um saber desconhecido individual e a passagem de um sofrimento estrutural para um sofrimento individual. A praga, que atingia o povo de Tebas, se concentra em Édipo como se fosse bode expiatório, a partir da revelação do saber, atingindo assim seu corpo, sua vida sexual, suas pulsões e seu desejo. Em outras palavras, o saber desconhecido está ligado profundamente ao corpo e ao que ele representa, a inserção na história e no espaço.

A relação entre o sofrimento, o saber e a estrutura social é vivida por todos nós da mesma maneira. As neuroses, psicoses ou perversidades não têm apenas um fundamento individual, mas mergulham nas estruturas que nos cercam desde o nascimento, estruturas políticas (viver numa ditadura ou numa democracia); estruturas sociais (um meio abastado como Proust ou pobre como Freud); o sistema religioso (judeu como Freud ou católico, embora de mãe judia, como Proust); o sistema educacional (ter acesso à universidade ou não) etc. Viver na *Belle Epoque* ou após a guerra de 1914, será fatalmente diferente para as pessoas. O encontro, obrigatório ou forçado destas estruturas ou do registro do Simbólico, com nosso desejo trabalha nossa psique e nosso corpo, obrigando-nos a dar respostas diferentes das de nossos antepassados e representando, em conseqüência, o sujeito de outra maneira.

Se o sujeito freudiano sofre por participar da sociedade e, no caso de Édipo, por saber um pedaço desconhecido de sua história, o sujeito proustiano (isto é, o que decorre da análise das personagens da obra) sofre no processo de escritura para atingir a memória "involuntária", não só pela mão que escreve e transmite, mas porque possui a memória das sensações, primeira etapa que levará o autor por caminhos desconhecidos do "eu" social ao "eu verdadeiro".

O saber faz o corpo sofrer para Freud e Proust, mas de modo diverso. O primeiro envolve o corpo na estrutura psíquica, o segundo exige uma procura penosa para ser atingido. Tal procura é visível no manuscrito. Mas nos dois casos, o saber não aparece por inteiro embora atue como se aparecesse. No caso do analisando há sempre um resto inconsciente e, no caso do manuscrito, há um impensado inatingível, mas ambos terminam numa certa serenidade e mesmo no gozo para o narrador proustiano, se descartamos Édipo.

Dessa primeira citação de Proust, deduzimos que o saber ignorado gera um esquartejamento do sujeito ou, em termos psicanalíticos, uma divisão do sujeito ($) que obriga o analisando a remanejar sua vida e o autor a sua arte.

2. Quando o herói do *Tempo Redescoberto* reencontra na biblioteca do duque de Guermantes um livro lido em Combray anos antes, *François de Champi* de George Sand, ele pensa que, se fosse bibliófilo, colecionaria os romances lidos outrora porque eles "restituiriam o amor então sentido, a beleza sobre a qual se haviam superposto tantas imagens, permitindo-me rever a inicial, a mim que não sou quem a viu e devo ceder o lugar ao "eu" de então [...] que meu "eu" atual já não conhece"[14].

O "eu" de outrora está ligado não a uma lembrança qualquer, muitas vezes imaginária, mas aos objetos lembrados, objetos que podem ser a capa de um livro, um vestido de mulher etc. Vejamos a diferença entre o sujeito da representação em Freud e em Proust. O fundador da psicanálise imagina o "eu" constituído de várias camadas como a casca de uma cebola; cada camada significando uma relação com os seres amados ou odiados durante nossa história. Proust vê o "eu" de hoje quase atrapalhando o "eu" de outrora, como se não tivesse unidade nem coerência entre eles. A lógica não é de superposição ou linear, mas de justaposição e não linear. O "eu" de hoje depende de uma relação com os objetos de hoje, sem ter, necessariamente, relação com os "eu" de outrora refletidos nos objetos do passado. Enquanto o analisando tenta reconstituir uma história lógica de seu passado a partir do "eu" imaginário de hoje, Proust vê um "eu" fragmentado como um mosaico, constituído não somente de restos das pessoas amadas ou odiadas, mas de objetos que receberam o amor ou o desejo desses "eu" do passado.

Poderíamos imaginar o "eu" proustiano disperso entre os objetos da *Belle Epoque*: *Nana* de Edouard Manet, 1877; *La Famille Dubourg,* de Fantin-Latour, 1878; *Le Cabaret de Père Lathuile*, de Edouard Manet, 1879; a primeira central telefônica parisiense em Wagram no ano de 1892 (RTP, II, 435); a exposição universal de 1900, com a primeira linha do metrô (Vincennes - Porte Maillot), com estações decoradas por Hector Guimard (1867-1942); a primeira estação eletrificada de Orsay; a sinfonia de Jean Sibelius; *Pelléas et Mélisandre,* de Debussy; as pinturas de Paul Gauguin sobre *Tahiti*; *Le pont de Waterloo*, de Claude Monet a Londres, em 1902; o primeiro vôo com motor; as descobertas de Pierre e Marie Curie, prêmio Nobel de física; a primeira fotografia em cores, de Louis Lumière, em 1903; a primeira transmissão de música sem fio, em 1904; a invenção da teoria da relatividade, por Albert Einstein, em 1905; a reabilitação de Alfred Dreyfus, em 1906; a primeira exposição do cubismo em Paris, em 1907; *Asphodèles*, de Henri Matisse; *Les demoiselles d'Avignon*, de Pablo Picasso, em 1907; *Les Vues de Venise*, de Claude

14. M. Proust, *O Tempo Redescoberto*, p.165.

Monet; *Quatuor à cordes*, de Béla Bartók, em 1908; a travessia da Mancha por Louis Blériot, em 1909; *L'oiseau de feu*, de Igor Stravinsky, em 1910; *Le Violon*, de Georges Braque; o prêmio Nobel de literatura Maurice Maeterlinck, em 1911; *Le Bal*, de Henri Matisse e o naufrágio do Titanic, em 1912.

O eu do escritor Marcel Proust poderia se dispersar nesses numerosos objetos, mas na *Busca do Tempo Perdido*, o narrador alude apenas a Debussy, Manet, Monet, Renoir e Maeterlinck e no Prefácio de *Propos de peintre. De David a Degas*, por Jacques Blanche (retratista mundano e escritor), faz uma alusão a Fantin-Latour, ao cubismo e a Picasso[15].

Se Proust tivesse vivido a *Belle Epoque* no Rio[16], que "inicia-se com a subida de Campos Salles ao poder, em 1898"[17] e toma impulso em 1903, com o presidente Rodrigues Alves, seria disperso entre a Avenida Central (av. Rio Branco atual) e seus prédios; o Palácio Monroe, 1906; a Escola Nacional de Belas-Artes, 1908; o Teatro Municipal, 1909; a Biblioteca Nacional, 1910; a avenida Rodrigo Alves; a avenida Atlântica; o túnel Leme etc.[18], obras do engenheiro Pereira Passos e da equipe do ministro dos transportes Lauro Miller: Paulo de Frontin e Francisco de Bicalho, todos admiradores do barão Haussmann, que remodelou Paris na qual viveu Marcel Proust[19].

3. Numa terceira passagem tirada também do *Tempo Redescoberto*, o narrador proustiano opõe o amor, "porção de nossa alma" aos "eu" diversos que morrem sucessivamente em nós, isto é, cada vez que deixo de amar uma moça, morre esse "eu" ligado a ela; mas se quisermos entender o amor, escreve ele, devemos desligá-lo dos seres amados, pouco importa a moça amada, Gilberte ou Albertine[20]. O saber decorrente da paixão só é possível se nos desligarmos dos objetos amados. Cito: "São nossas paixões que esboçam os livros, os intervalos de trégua que os escrevem"[21]. A paixão não é, portanto, um fim em si para o artista, mas um meio de conhecer tanto esses "eu" quanto a natureza da paixão. O narrador proustiano apresenta mais uma vez um sujeito dividido entre o escritor, a figura pública, e o artista que, por meio de sua arte, atinge a alma da qual é seu representante.

A unidade dos "eu" que Freud encontra no "eu" imaginário, ou a unidade do sujeito que o analisando encontra na lógica de sua história, Proust a encontra na alma formada pelas paixões, restos dos diferentes

15. J. Blanche, *Propos de peintre. De David à Degas*.

16. Este texto teve como origem um convite para participar do seminário *Belle Epoque: Paris-Rio 1900 e a Modernidade*, no Centro Cultural do Banco do Brasil, Rio de Janeiro, jun. 2002.

17. J. Needell, *Belle Epoque Tropical*, p.39.

18. Idem, ibidem, p.61.

19. Idem, ibidem, p.55.

20. M. Proust, *O Tempo Redescoberto*, p.173.

21. Idem, ibidem, p.181.

"eu" do passado que, como as paixões do *Romance da Rosa*, do século XIII, são personificados, embora não são autônomos como no Romance.

Resumindo o que já analisamos:

O "eu" do artista é o "eu" verdadeiro que se opõe ao "eu" social; para conhecer a alma, ele tem um só caminho, a escritura, já que é escritor, que se apóia na percepção e na descrição dos efeitos da paixão e dos objetos amados.

É um saber adquirido pelo embate do escritor com a arte que vai surgindo, diferente do saber sobrevindo do discurso do analisando no silêncio do gabinete. São duas maneiras de representar o sujeito dividido.

Entretanto, Proust vai mais longe do que Freud e do que qualquer analista, no sentido de que seu objetivo não é sublimar, ou ajudar a sublimar alguém, para resolver seus conflitos ou viver melhor. O caminho da arte não é o da psicanálise. A arte revela um saber a um sujeito que não é o sujeito dividido freudiano. A única coisa parecida é a divisão do sujeito, mas mesmo que o "eu" social de Proust possa ser o "eu" empírico de Freud, o outro "eu" não corresponde ao sujeito do inconsciente freudiano.

Numa quarta passagem, Proust escreve:

> pois o estilo para o escritor, como para o pintor, é um problema não de técnica, mas de visão. É a revelação, impossível por meios diretos e conscientes, da diferença qualitativa decorrente da maneira pela qual encaramos o mundo, diferença que, sem a arte, seria o eterno segredo de cada um de nós. Só pela arte podemos sair de nós mesmos, saber o que vê outrem de seu universo que não é o nosso, cujas paisagens nos seriam tão estranhas quanto as porventura existentes na lua[22].

Como chegar a esse saber? É talvez tão difícil, senão mais, quanto passar pelo divã, embora ... seja mais econômico.

O objetivo de Proust é chegar à "verdadeira vida", que "eu" traduz como sendo a segunda parte do sujeito proustiano dividido. Chegando lá, o sujeito descobriria seu segredo ou seu saber singular que o distingue dos demais.

PARTE NEGATIVA EM PRIMEIRO LUGAR OU COMO NÃO CHEGAR.

A maioria das pessoas não consegue descobrir esse saber por várias razões que o narrador enumera em trechos diferentes:

1. Elas são entulhadas "de inúmeros clichês, inúteis porque não "revelados" pela inteligência"[23], os quais parecem como os negati-

22. Idem, ibidem, p.172.

23. Idem, ibidem. No Caderno 1, fº 10 vº, lemos: "Acreditamos o passado medíocre porque o *pensamos*, mas o passado não é isso, é essa desigualdade de pavimentos do

vos de um filme. São os hábitos de comportamento, de cultura ou de pensamento, os preconceitos, as estruturas impostas, sociais, educacionais, políticas etc., que não procuramos questionar ou averiguar e que assimilamos e vivemos sem inquietação. É normal viver cercado de clichês, mas o artista se distingue dos demais por questioná-los.

O clichê ou o hábito provém da repetição de um gesto, de uma mesma forma de agir, pronunciar uma palavra, comer, beber, transar, ou a nível mais coletivo, da comemoração de certas datas, festas ou mesmo da observância de leis; são pontos de referência que rodeiam e cercam os homens dos quais dificilmente escapam. No plano pessoal, são hábitos que transmitidos pelas gerações precedentes determinam as formas de pensar, falar e agir incluídas por Freud no "isso", e por Lacan no nome do sujeito.

A opinião do narrador sobre os clichês é no mínimo muito curiosa. Se, para ele, vivemos a partir de valores fixados, como se fossem negativos fotográficos, a verdadeira conduta não é a de rejeitá-los como tais, mas de ampliá-los ou de "colocá-los à contraluz"[24]. Conhecedor das idéias de seu século, mas ultrapassando-o, o narrador não separa o clichê da verdade como faria um moralista.

Admitir a importância dos clichês, que muitas vezes parecem científicos em sua rigidez, significa aceitá-los como forma possível da verdade. Assim como a análise trabalha o fantasma que diz a verdade do analisando, assim os clichês, diluídos, amolecidos, perdendo a rigidez ou colocados à luz, recuperam a ilusão, o imaginário, a vida ou o indeterminado que os fizeram nascer e revelam também uma certa verdade.

A *Belle Epoque* como qualquer época obrigou muitas vezes o cidadão a definir-se. Poderia retomar os eventos descritos acima na arte e na técnica, eventos no sentido do Real lacaniano, isto é, algo de desconhecido que se introduz em nossa vida e incomoda, para ver neles não mais elementos nos quais o eu de Proust se dispersa, mas diante dos quais ele precisou tomar uma posição: ou deixar-se levar pelos velhos clichês, ensinados nas escolas ou divulgados na imprensa, sobre arte, música, teatro, física etc. que atravancavam certamente a cabeça da inteligência da época, ou desenvolver os novos que lhe foram oferecidos e trabalhar o registro do Simbólico.

Outros clichês devem nos cercar no século XXI e exigem esse trabalho da inteligência para destrinchá-lo.

2. Em segundo lugar, vem os obstáculos levantados "pelo amor próprio, pela paixão, pelo espírito de imitação, pela inteligência abs-

batistério de São Marco", o que é uma maneira de opor a inteligência à sensação. A. Compagnon, *Carnets d'écrivains*, p.167.

24. Idem, *Esquisse XXXIV*, p.856.

trata"[25], obstáculos que podem ser vencidos pela humildade, pela retirada progressiva da paixão, pela abertura ao novo e pelo exercício da inteligência prática. É uma espécie de ascese exigindo uma vida quase monacal por parte do artista e que Proust vivia após 1909, mais ou menos recluso no seu quarto escrevendo a noite.

3. O terceiro obstáculo vem de uma ambigüidade. Uma categoria dos indivíduos que Proust chama "celibatários da arte"[26] confunde o interesse pela arte com sua criação. Entusiastas da arte, eles colecionam quadros, livros, condecorações ou os títulos acadêmicos, escutam concertos, lêem mil livros, conhecem os artistas, têm uma enorme erudição, mas são incapazes de sentar e de escrever uma linha própria ou compor uma melodia etc. Entretanto, ressalta Proust, esses celibatários da arte não podem ser rejeitados, porque "são os esboços da natureza desejosa de criar o artista"[27]. O crítico de arte Swann e o grande conhecedor de Balzac, o barão de Charlus, representam essa categoria de pessoas que embora talentosos e cultos se perderam na decoração dos salões para Swann e na erudição para Charlus.

PARTE POSITIVA. COMO CHEGAR A ESSE SABER E, PORTANTO, COMO ENCONTRAR ESSE SUJEITO DA ARTE QUE TODO HOMEM CONTÉM NELE MESMO?

Há duas maneiras. A primeira foi sintetizada por Gilles Deleuze em *Proust e os Signos*[28]. É uma longa aprendizagem em que o herói deve, no decorrer das três mil páginas da obra, aprender a ler os signos, a não se deixar prender pelos signos mundanos e os signos do amor como Swann e Charlus, mas perceber os signos da arte imitando nisso as três personagens artistas da obra, o escritor Bergotte, o pintor Elstir e o músico Vinteuil.

Primeiro, o herói aprende a não se deixar cativar por dois tipos de signos; os signos mundanos e os signos do amor. Proust freqüentou demais os salões da aristocracia e da alta burguesia e sabia até que ponto a vida ociosa destas classes sociais, divididas entre as visitas na matinê e as festas à noite, o afastavam da escritura; assim, ele empresta a seu herói esse cansaço quando ele se dá conta de que esses signos mundanos vazios se repetem, não ensinam nada, impedem de pensar e agir e fazem perder tempo[29]; nesse sentido, não vale

25. "é o que há de desmanchar a arte, na marcha em sentido contrário, na volta que nos fará empreender aos abismos onde jaz ignorado de nós o que realmente existiu". Idem, *O Tempo Redescoberto*, p.172.

26. Idem, ibidem, p.169.

27. Idem, ibidem.

28. G. Deleuze, *Proust et les signes*.

29. Idem, ibidem, p.106.

a pena responder às cartas convites, melhor é dialogar com o que ele chama de "eu profundo" e escrever.

Os signos do amor são de dois tipos: os amores heterossexuais e homossexuais. A personagem Swann usa suas relações para conhecer as empregadas dos outros e afinal casa com uma cocotte ou uma prostituta de luxo, Odette de Crécy que não amava, enterrando sua vocação promissora de crítico de arte. O barão de Charlus, mergulhado nos amores homossexuais, não podia desenvolver seus talentos de crítico literário ou de músico apesar de sua enorme cultura[30].

> Os signos do amor não são vazios, são signos mentirosos que só podem significar para nós se esconderem o que eles expressam, isto é, a origem dos mundos desconhecidos [...] eles suscitam sofrimento [...]: O intérprete dos signos amorosos é necessariamente o intérprete das mentiras. Seu destino decorre do lema: amar sem ser amado. [...]o segredo do amante é Sodoma e o segredo da amante é Gomorra[31].

Resta ao herói perceber os signos da arte que definem o tempo redescoberto, tempo primordial, absoluto, verdadeira eternidade que permite reler os dois outros signos reunindo o sentido e o signo[32].

Para Deleuze, pensar será sempre interpretar, isto é, explicar, desenvolver, traduzir um signo[33]. Os objetos e os seres são como hieróglifos[34] que devem ser decifrados. Por exemplo: o nome de "Guermantes" significava o encantamento da Idade Média no começo do terceiro livro. É a visão do herói-criança, que via desfilar na lanterna mágica a história de Geneviève de Brabant, da mesma linhagem da duquesa de Guermantes, lutando com o carrasco Golo. No final, o nome Guermantes se revela apenas um nome aposto numa carteira de identidade que fica no limiar do mundo encantado, mas não faz mais parte dele.

As três personagens artistas da obra, que o herói deverá seguir – o escritor Bergotte, o pintor Elstir e o músico Vinteuil –, serão essencialmente leitores de signos, decifradores de enigmas contidos no Real, essa parte do inconsciente ao mesmo tempo familiar e estranha, um dos três registros de Lacan:

1. A leitura dos romances de Bergotte "fazia explodir numa imagem a beleza" que "estava escondida":

> Cada vez que me falava de alguma coisa cuja beleza me permanecera até então oculta, dos pinheirais, do granizo, de *Notre-Dame de Paris*, de *Athalie* ou de *Phèdre*, fazia, em uma

30. Devenir amoureux, c'est individualiser quelqu'un par les signes qu'il porte ou qu'il émet. (Apaixonar-se é individualizar alguém através dos signos que os mesmo carrega ou emite.) Idem, ibidem, p.12.

31. Idem, ibidem, p. 106.

32. Idem, ibidem, p.106.

33. Idem, ibidem, p.119.

34. Idem, ibidem, p.123.

imagem, essa beleza explodir e vir até a mim. Sentindo, pois, quantas e quantas partes do universo haviam que não seriam distinguidas por minha falha percepção se ele não mais aproximasse, desejaria possuir uma opinião sua (de Bergotte), uma imagem sua, sobre todas as coisas, sobretudo as que teria ensejo de ver por mim mesmo, e, entre estas, particularmente sobre antigos monumentos franceses e as paisagens marinhas, pois a insistência com que os citava em seus livros demonstrava que os tinha como ricos de significação e beleza[35].

2. O pintor Elstir. Sabendo que "todo o preço está nos olhares do pintor", a contemplação dos quadros de Elstir permitia arrancar um saber ao sentir e "dissolver esse conjunto de raciocínios que chamamos visão"[36], ou ainda "recriava essas ilusões de ótica que nos comprovam que não identificaríamos os objetos se não fizéssemos intervir o raciocínio[37].

3. A música de Vinteuil tocada por ele mesmo, sabia esconder a proeza da técnica sob o talento e era capaz de captar o desconhecido.

> A audácia tão genial talvez [...] como a de um Lavoisier, de um Ampère, a audácia de um Vinteuil experimentado, descobrindo as leis secretas de uma força desconhecida, conduzindo através do inexplorado, para a única meta possível, a atrelagem invisível a que se confia e que ele nunca verá[38].

Petitot acrescenta mais uma espécie de signos, os signos sensíveis das impressões e da manifestação fenomenológica (perceptiva) que "decorrem da mentalidade veredicta do segredo". Eles fornecem "os exemplos mais famosos da *Recherche* (les clochers de Martinville, les pavés de Venise, la madeleine e Combray etc.). Contrariamente aos signos mundanos, eles são "cheios", de uma plenitude que decorre de seu sentido como essência. A potência de reminiscências é função de uma memória "involuntária" que, por associação, ressuscita a essência do contexto numa verdade de sentido que nunca foi vivida como tal antes. Por isso, eles "preparam à plenitude das Idéias estéticas" [39].

A segunda maneira depende, o que é curioso, do acaso de "um som ouvido, um odor outrora aspirado" que de repente se manifesta. O verdadeiro "eu" ou o saber desconhecido emergirá de um acaso, mas acrescento, um acaso aliado à prática de uma arte. Apesar do que é apresentado na obra *Em Busca do Tempo Perdido*, em que o herói lembra, como já foi dito, a madeleine da tia, mordendo a que

35. M. Proust, *O Caminho de Swann*, p.97.
36. Idem, *Le Côté de Guermantes*, p.713.
37. Idem, ibidem, p.712.
38. A pequena frase havia desaparecido. Swann sabia que ia ressurgir no fim do último movimento, depois de todo um longo trecho que o pianista da Senhora Verdurin saltava sempre. Havia ali admiráveis idéias que Swann não distinguira na primeira audição e que agora percebia, como se elas, no vestiário da sua memória, se tivessem desembaraçado do disfarce uniforme da novidade. Swann escutava todos os temas esparsos que entrariam na composição da frase: ele assistia à sua gênese. Idem, *O Caminho de Swann*, p.337.
39. J. Petitot, *Morphologie et esthétique*, p.179 e G. Deleuze, *Proust et des signes*, p. 69.

lhe é dada pela mãe, é o escritor que rascunhando, associa, escuta os Terceiros e deixa as marcas de seu trabalho no manuscrito.

A lembrança provocará "logo (a liberação da) essência permanente das coisas ordinariamente escondida, e (o despertar de) nosso verdadeiro 'eu'"[40]. Reenvio o especialista ao excelente estudo da gênese da memória involuntária e do conceito de "realidade autêntica" desenvolvida por Jean-Marc Quaranta em Cerisy[41] e completada na sua tese[42].

A essência permanente das coisas que revelará um saber é algo bem definido na obra de Proust. Ela comporta um elemento de gozo e um elemento de leis. Proust constrói suas personagens de maneira que as lembranças involuntárias levam, na maioria das vezes, às cenas iniciais de gozo, como a madeleine umedecida leva à avó, o pavimento do pátio dos Guermantes ao batistério de São Marcos de Veneza etc. São momentos de felicidade aliados a um sofrimento.

Se o primeiro caminho vem do acaso, o segundo decorre da vida de paixões do herói e da descrição do que vê.

> Compreendia que os sentimentos gerais, que precisamos conhecer, somente podem nos aparecer sob uma forma humilde e particular. Por que dizer "é somente uma Odette, uma Albertine", já que para que o Amor, o Ciúme, o Sofrimento se manifestem para nós, é preciso que façam sua entrada em nossa vida por meio de qualquer pequeno corpo feminino que não tem nenhuma importância por si só[43].

A essência está contida nas paixões ou nos sentimentos não mais vividos, mas extraídos da vida e que tomarão os nomes das alegorias comentadas no *Romance da Rosa* do século XIII.

Por outro lado, observando e descrevendo os "seres mais estúpidos (que) manifestam por seus gestos, propósitos, sentimentos involuntariamente expressos, (o artista surpreende) leis [...] e mostra assim a verdade que estava neles"[44].

Mas a condição aparentemente primordial para chegar à essência das coisas será neste "minuto livre da ordem do tempo que recria em nós o homem livre da ordem do tempo"[45]. Queria insistir neste aspecto primordial.

Pular fora do tempo é repetir, no sentido inverso, o caminho que Deus fez criando o mundo. Refiro-me aqui a um desenho encontrado na *Crônica de Nuremberg* de 1493 que mostra a mão de Deus fora do universo constituído por dois círculos[46].

40. M. Proust, *O Tempo Redescoberto*, p.154.

41. J.-M. Quaranta, "'Comment dire?' Expression de l'altérité et Mémoire Volontaire du Carnet 1 à 'Proust 45'", p.56.

42. Idem, *Les expériences privilégiées dans A la recherche du temps perdu et ses avant-textes: éléments de la genèse d'une esthétique*.

43. M. Proust, *Esquisse, XXXVIII*, p.865.

44. Idem, *Esquisse XXXVII, Cahier 57 Le Temps Retrouvé*, pp.863-864.

45. Idem, *O Tempo Redescoberto*, p.154.

46. P. Willemart, *Bastidores de Criação Literária*, p.148.

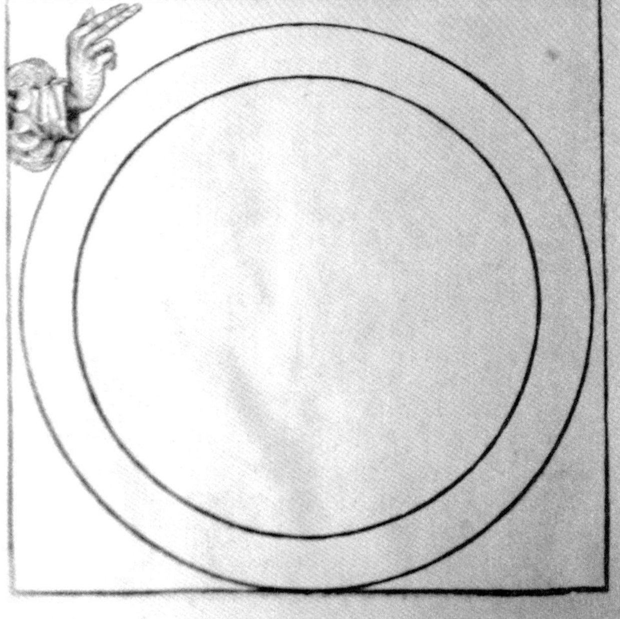

Figura 9: *Crônica de Nuremberg*. A mão de Deus fora do universo. Foto de Jorge Hirata.

À medida que os dias progridem, Deus cria o céu, as luzes, as trevas etc., entra no nada simbolizado pelo vazio dos círculos e no tempo, por definição imperfeito.

A arte projeta o artista fora das categorias temporais um minuto apenas, mas um minuto extremamente enriquecedor, parecido com um minuto de sonho que revê uma vida inteira. Neste tempo particularmente curto, ele pode se sentir como Deus e atravessar os momentos, os dias, os anos, a cronologia calendário para reencontrar momentos chaves de sua vida, como os de gozo, ou perceber alguns princípios fundadores do comportamento cultural dos homens, ou as leis que regem as paixões. Ele passa da negatividade do universo para a positividade de Deus antes da criação. Não há mais itinerário já que o trajeto não é mais linear, mas uma espécie de visão global. Não há mais pernas guiando um corpo, mas apenas um olho que enxerga cenas e diferencia algumas delas. A situação é bem parecida com o que se passa no sonho, que também ignora o enquadramento temporal, mas o saber adquirido assim vai muito além do saber psicanalítico.

A leitura ou o estudo da teoria psicanalítica dá um certo prazer, nos convence da prioridade do inconsciente, permite entender como funcionam as paixões, o desejo, as pulsões, mas não nos atinge na vida cotidiana contrariamente ao discurso do analisando que tem efeito nos dois interlocutores, o analista e o próprio analisando e por tabela no meio freqüentado por eles.

A leitura de Proust, acessível a muitos, além de tratar de paixões, de desejo e de sonhos, dá aos leitores a possibilidade de espelhar-se nas personagens, nas situações descritas e nas reflexões e observações do narrador. Isto é, a ficção trabalha o imaginário de cada um, com a vantagem de que como não é real o leitor embarca, sem muita preocupação, na canoa do narrador que, aos poucos, mergulha nas inquietudes essenciais do homem, na situação histórica, nos preconceitos, nas referências comuns e implanta (é a palavra certa, porque o faz sem o leitor perceber) uma semente de discórdia nos sistemas aos quais ele está inserido ou (raramente) reforça seus pontos de vista. A arte questiona os saberes, os sistemas, as estruturas e no desconhecimento do leitor, solapa suas bases.

O saber transmitido ou apreendido é singular, portanto. Na leitura de Proust, cada leitor vai retirar um saber apropriado a partir de uma identificação ou de uma projeção na escritura dele, espécie de paixão que caracteriza seus leitores em geral. A parte do sujeito revelado, inconsciente para o analisando ou não sabida para o leitor, não terá necessariamente relação com a *Belle Epoque* vivida por Proust, mas muito mais com a nossa época, o que indica a universalização da escritura proustiana.

Para concluir, pergunto em que se desprende da obra de Proust, um sujeito diferente de Freud e o que esta concepção dupla do sujeito tem a ver com a *Belle Epoque*.

1. Ambos insistem na duplicidade do sujeito, mas eles não concordam nem com o eu social nem com o eu imaginário, nem com o outro sujeito, o do inconsciente ou o do verdadeiro eu. Na segunda tópica freudiana, o 'eu', o 'supereu' e o 'isso' são profundamente imbricados enquanto em Proust não há nada em comum entre eles a não ser o corpo, que serve de terreno de disputa ou de acordo. O inconsciente intervém em Freud em qualquer momento, enquanto o eu verdadeiro de Proust é unicamente acessível pela arte. O sujeito dividido é universal para os dois autores, mas ele surge no discurso, no sonho e nos lapsos para Freud ao passo que para Proust, o verdadeiro eu se revela somente a uma parte privilegiada dos homens, os artistas e os escritores.

Chegar a entender e a compreender o Outro presente no eu não é demais difícil para o homem; se isentar sua bolsa, basta sonhar, fazer associações no divã, viver suas paixões ou analisar os jornais. Pelo contrário, descobrir o verdadeiro eu proustiano exige uma ascese que poucos fazem.

2. Se em nosso imaginário pensamos a *Belle Epoque* como anos de prazer e de gozo (ver Toulouse-Lautrec, Manet etc.) nos quais os parisienses dividiam as noites entre o teatro, o concerto, o restaurante e os bordeis e a "matinée" entre as corridas, os passeios nos jardins de Tuileries ou no Bois de Boulogne, ou os salões, estamos em pleno clima proustiano. Pouco propício ao valor do trabalho e reservado à alta burguesia e à aristocracia, este ambiente opõe-se totalmente ao eu verdadeiro que ele não suscitou provavelmente, mas que certamente contribuiu à sua eclosão.

Pelo contrário, o mesmo ambiente que ostentava esse apetite de prazer, comum a todos, qualquer que seja a classe social, e que não é próprio do final do século, (veja a introdução de Balzac em *La fille aux yeux d'or*) devia encontrar sua articulação na leitura freudiana. Freud ia pela primeira vez imaginar um aparelho psíquico que dava uma grade de compreensão e de inteligibilidade a esta vida de paixões e de desejo.

Os dois autores são de qualquer maneira implicados na *Belle Epoque*, um por tê-la vivido plenamente, escapando pela escritura; e o outro por ter escutado e interpretado seus contemporâneos.

5. Crítica de Arte e Psicanálise

Confundir um autor com sua obra é uma atitude comum do público leigo e muitas vezes do especialista. De fato, o público, quando visita um museu ou uma exposição, recebe ou compra um catálogo que tenta dar uma idéia da obra do artista em linguagem acessível. Freqüentemente, essa iniciação à obra começa pela vida do artista, continua com as influências por ele recebidas e pouquíssimas vezes, por uma questão de espaço provavelmente, pela descrição ou análise da obra. Por outro lado, o estudioso da obra de um artista vivo se pergunta, faz questão de conhecê-lo, marca entrevista, grava a conversa e, armado desse "rico" material, começa a escrever.

Diante da freqüência dessa situação, tentei, por ocasião de uma defesa de tese[1], organizar argumentos a respeito do assunto, perguntando-me quais os paradigmas que deveriam nortear tanto quem desempenha a tarefa de possibilitar a aproximação das pessoas a uma obra em um museu, como o crítico especialista em uma revista de arte.

PRIMEIRO PARADIGMA: A OBRA NÃO REFLETE A VIDA DO ARTISTA

Ao analisar o texto ou a obra, o crítico se dá conta de que dados biográficos e informações em entrevistas se intrometem na análise e

1. M. L. M. Jatobá, *Distância Íntima: Rastros do Inconsciente na Obra de Ely Bueno*.

de um certo modo incomodam a leitura. A tentação é grande de relacionar tal efeito com tal fato ouvido e de explicar um pelo outro. Na verdade, o artista fala das intenções que tinha, relaciona facilmente a obra com a vida e sem saber engana o crítico na sua análise, induzindo-o a confundir duas instâncias, o homem empírico e o homem artista, ou melhor, o discurso empírico e o discurso artístico. Caso contrário, o crítico é forçado a constatar a distância que existe entre quem escreve e quem viveu e a considerar os dados da entrevista como elementos secundários.

Já no século passado, Marcel Proust reunia páginas no que foi chamado, numa publicação póstuma, *Contre Sainte-Beuve* e tomava posição contrária à atitude biográfica. O leitor de *Em Busca do Tempo Perdido* percebe como a marquesa de Villeparisis representa o ponto de vista do crítico francês do século XIX:

> A Sra. de Villeparisis, interrogada por mim acerca de Chateaubriand, Balzac e Victor Hugo, todos antigamente recebidos por seus pais e conhecidos dela mesma, achava graça na minha admiração, contava deles coisas picantes como acabava de fazer sobre grão-senhores ou políticos, e julgava-os com severidade exatamente porque não tinham essa modéstia, esse apagamento do próprio valor, essa arte sóbria que se contenta com um só traço preciso e não insiste, e evita acima de tudo o ridículo da grandiloqüência, essa oportunidade e essas qualidades de moderação de juízo e simplicidade, próprias do verdadeiro talento, conforme lhe haviam ensinado[2].

É exatamente o que fazia Sainte-Beuve: "Solicitava à biografia do homem, à história da família dele, a todas essas particularidades, a compreensão de suas obras e a natureza de seu gênio"[3]. Freqüentava os salões onde encontrava Balzac e Stendhal entre outros escritores, cujas obras apreciava a partir das impressões experimentadas nesse contato. Contrariando essa posição, o autor Proust distingue "o eu social" do escritor do "eu verdadeiro"; atribui ao primeiro a superficialidade e a sociabilidade e ao segundo, a função de escrever[4].

O eu verdadeiro inserindo-se na linguagem por meio da escritura, descobre e descreve outros continentes, rascunhando cadernos e cadernos, tendo acesso a uma memória diferente não pela razão e pela inteligência, mas pelas sensações e os sentimentos. É o que comentei no capítulo sobre a *Belle Epoque*.

2. M. Proust, *À Sombra das Moças em Flor*, vol. II, p.252.

3. Idem, *Contre Sainte-Beuve*, p.220.

4. "Mas, a quem me visitasse ou convidasse, eu teria a coragem de responder que, a fim de ser informado de coisas essenciais, tinha uma entrevista urgente, importantíssima, comigo mesmo. E entretanto, embora quase não existam relações entre nosso eu verdadeiro e o outro, pode parecer egoísmo, em virtude da homonímia e do corpo comum a ambos, a abnegação que nos leva a sacrificar os deveres mais fáceis e até os divertimentos". Idem, *O Tempo Redescoberto*, p.244.

O problema foi retomado na polêmica Picard-Barthes quando o movimento denominado *Nouvelle Critique* começou a analisar o texto literário a partir da ideologia marxista, da psicanálise freudiana ou existencialista de Sartre, das teorias lingüísticas ou da fenomenologia[5]. Picard, que representava a crítica da Sorbonne, preocupava-se com as influências da vida do autor na obra, a dita crítica biográfica, e não entendia as mudanças provocadas por Marx, Freud, Jakobson e Husserl na escritura. Valorizando exageradamente o que um crítico muito apreciado como Gustave Lanson (1857-1934) afirmava a respeito de Voltaire – "Descobrir para cada frase, o fato, o texto ou o propósito que desencadeou a inteligência ou a imaginação do autor"[6] –, a velha crítica reinou na universidade francesa até os anos de 1970 e, por muito mais tempo ainda, na universidade brasileira.

A crítica genética, que estuda os processos da criação por meio do manuscrito, ensina, por sua vez, a distinguir o escritor, que tem o projeto de escrever, e o autor, que assina o manuscrito e, assim, a não misturar vida e obra. A qualidade da obra não depende dos traços físicos nem do comportamento do escritor ou do artista, mas do engajamento deles nas respectivas linguagens.

Para quem trabalha as relações entre a psicanálise e a literatura, a enorme vantagem desta distinção consiste em não confundir o inconsciente do artista, inacessível sem as associações do próprio artista no divã, e as marcas ou os rastros do inconsciente por ele deixadas na obra. Nenhuma estratégia pode descrever ou pintar o inconsciente do outro; conseguimos apenas teorizar a respeito como Lacan e muitos o fazem, ou detectar efeitos do inconsciente na obra.

A função do artista não é expressar seu inconsciente, como ainda acreditava Freud quando interpretou o *Moisés*, de Michelangelo ou o quadro de *Santa Ana*, de Leonardo da Vinci. Cada quadro toca certamente algo no mapa erótico do artista, outro nome do inconsciente. No entanto, à medida que ele se deixa levar pelas cores, linhas ou efeitos de luz e termina o quadro, seu mapa se reestrutura à sua revelia, sem acrescentar um saber novo consciente. Submetendo-se à rede simbólica constituída pela estruturação das cores e das linhas, o artista plástico, no embate com seu desejo, cria algo bem distante do projeto inicial.

Na associação livre, no divã, encontramos o mesmo processo. Quando a pontuação do analista reorienta o discurso do analisando (o projeto inicial), permitindo-lhe elaborar uma outra lógica, ocorre paralelamente um remanejamento do inconsciente o qual, nem por isso, se torna acessível.

5. R. Barthes, *Critique et Vérité*, 1966.
6. G. Lanson. Introduction aux *Lettres Philosophiques* de Voltaire.

Devemos constatar, no entanto, que o fato de ter pintado o quadro, escrito uma melodia, um romance, uma poesia ou estabelecido uma outra lógica, o artista, o escritor ou o analisando não são mais os mesmos. A palavra do inconsciente interveio, mudou a relação do sujeito consigo mesmo[7] e provocou a criação.

SEGUNDO PARADIGMA: A SINGULARIDADE DO QUADRO

O segundo paradigma consiste em não tratar a obra globalmente como se ela fosse sem fronteira ou pertencesse a um só universo. Não separar os quadros, ou não colocar limites entre cada um deles significa considerar que todos revelam um inconsciente invariável. Ora, em primeiro lugar, nosso desejo fundamental pode ser o mesmo durante toda a vida, mas suas manifestações variam segundo as circunstâncias históricas ou espaciais; em seguida, defender a imutabilidade do desejo supõe uma incapacidade de mudança e de convivência com o inconsciente, difícil de acreditar apesar do grau elevado de cartesianismo de nossa civilização; em terceiro lugar, seria ignorar não só todos os tipos de sublimação que atravessamos, tais como o amor, a prática das artes ou a do divã, mas também a idade, os lutos, os desastres, a doença, a guerra etc.

Por isso, tanto como cada conto ou romance de Gustave Flaubert, por exemplo, é baseado em um pedaço de Real ignorado do escritor[8], assim, também, cada quadro de um artista tem a ver com um grão de gozo que sustenta a castração específica necessária à execução de tal obra. A riqueza da obra depende, portanto, de vários fatores: não só do grão de gozo que a fundamenta, mas do momento histórico no qual foi criada, das estruturas que cercam o artista no momento – rede familiar, rede política (ditadura militar ou governo democrático), paz ou guerra, linguagem utilizada etc. Unificar todos os quadros num todo seria ignorar esses fatores e desrespeitar a originalidade do artista.

Da parte do crítico, querer tratar a obra como se ela fosse uma só, revela uma visão distorcida do homem e um mergulho no Imaginário, conseqüência da não distinção entre o artista e seu eu empírico. Projetar no artista a "crença" na mesmidade da pessoa seria esquecer que nosso eu é ficcional e descrever uma pretensa unidade. Embora o estado de espelho[9] nos faça acreditar na forma única que

7. J. Lacan, *O Eu na Teoria de Freud e na Técnica da Psicanálise*, p. 204.

8. "Un bout de Réel". J. Lacan, *Alocução de Encerramento*. Congresso de Strasbourg, 1976. Explorei essa noção em *Universo da Criação Literária*. p.97

9. "Conceito forjado por Jacques Lacan em 1936 para designar o momento psíquico e ontológico da evolução humana, situada entre 6 e 18 meses da vida, durante o qual a criança anticipa o domínio de sua unidade corporal por uma identificação à imagem do semelhante e pela percepção de sua própria imagem no espelho". Roudinesco e Plon, *Dictionnaire de la psychanalyse*, p.1008.

nos constitui, somos, de fato, pedaços dispersos sustentados pelo Simbólico, no qual estamos inseridos e do qual, à medida que avançamos na vida, é difícil se desligar.

Os artistas, plásticos ou literários, têm essa vantagem de conseguir se distanciar desta pretensa unidade e de reencontrar os fragmentos que a constituem. A partir desses fragmentos criam, ou melhor, elaboram a obra. Digo elaborar porque qualquer obra exige rascunhos ou esboços, mesmo que sejam mentais, se quiser ser considerada arte.

Se concordarmos com esses argumentos, o crítico deve admitir a singularidade de cada obra, aceitando a qualidade diferencial do quadro ou do romance e não tentar refazer uma unidade imaginária que eles destroem no próprio ato de criar.

Matizando, entretanto, o que poderia parecer radical, diria que essa divisão que faço entre as obras não impede a influência de uma sobre outra, e que resquícios de uma obra apareçam na obra seguinte. Um exemplo apenas: uma colega encontrou uma anotação na margem do manuscrito de *Concerto Carioca* de Antonio Callado dizendo: "Sabia que tinha lido isto em alguma parte: *Quarup*". O autor tinha repetido exatamente o parágrafo de um livro anterior seu e percebeu isso somente na segunda leitura do manuscrito. O sujeito escritor Antonio Callado estava ainda mergulhado, em parte, no seu primeiro grande sucesso, fazia ainda corpo com algumas formas-sentidos desse livro e não podia desligar-se delas. É como se o sujeito da pulsão não tivesse voltado ao sujeito-escritor. O prazer experimentado tinha sido tão grande que continuava a alimentar o escritor pois ainda o gozava. Isto é, a inseparabilidade das obras existe até certo ponto, mas a separabilidade entre os elementos e entre os homens, defendida pelos físicos nas teorias mais recentes, o é, também, pela teoria psicanalítica que sustenta a singularidade do ser falante.

TERCEIRO PARADIGMA: A CRÍTICA DO QUADRO

O terceiro paradigma concerne, sobretudo, à crítica da obra do artista plástico. Se quiser interpretar um quadro, o crítico não utilizará as categorias de forma e conteúdo de Aristóteles, mas categorias ligeiramente diferentes usadas na morfodinâmica[10] – a forma e a matéria –, na qual "a forma é o fenômeno da organização da matéria"[11] e não o receptáculo do conteúdo. Poderá ainda fundamentar sua crítica

10. "Utilizaremos o termo 'morfodinâmica' porque se refere ao uso dos modelos dinâmicos em todas as teorias que utilizam o conceito de forma". J. Petitot, *Physique du sens*, p, XIX. O autor criou essa nova abordagem a partir das obras de Husserl e de René Thom.

11. Idem, ibidem.

na fórmula de Adorno: a forma é a condensação do conteúdo[12]. Esses conceitos têm a vantagem de não separar forma e matéria na leitura do quadro e de facilitar a visão da unidade do quadro.

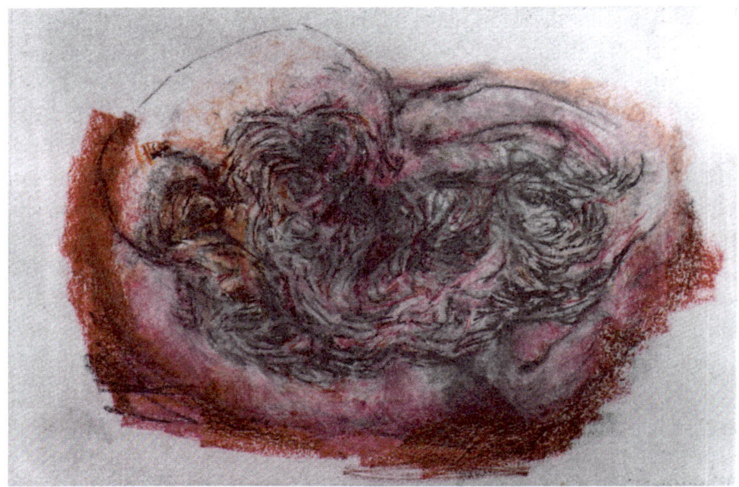

Figura 10: Ely Bueno, *Vísceras*, série Orgânicos, 1965.

Vísceras, o quinto quadro da série de 1965, *Orgânicos*, de Ely Bueno, é significativo neste sentido porque não tendo forma definida e sim um contorno, o crítico não pode separar a matéria da forma e é obrigado a analisar o conjunto. A carne pura, sem rosto, representa um padrão de beleza que se aproxima do grotesco ou do feio retratado por Goya e que Vítor Hugo introduziu no romance com o corcunda Quasímodo em *Notre-Dame de Paris*. Entretanto, o quadro vai além de Goya e de Vítor Hugo porque não representa nem animais nem gente nem elementos da natureza ou fabricados pelo homem. Isto é, o quadro vai além ou fica aquém da representação, situação que lembra o *Horla* do conto de Maupassant, personagem misterioso e terrível que o espelho não refletia.

Mas em *Vísceras*, a artista retrata o que está atrás da forma habitual de um rosto, como se imaginasse a matéria e detalhasse as diferentes formas que a condensam. Essa busca da artista, esse querer ver o que está atrás do espelho ou da tela e ultrapassar as formas habituais de representação, reflete certamente a vontade de sair do eixo espaço-tempo, mas não refletiria também o desejo de simbolizar a angústia fundamental de não ter onde espelhar sua imagem?

12. Th. W. Adorno, *La philosophie de la musique nouvelle (Philosophie der neuen Musik)*, p. 44 e ss.

QUARTO PARADIGMA: A FILIAÇÃO INVERTIDA

Freqüentemente, o crítico procura na tela influências de obras anteriores, querendo assim salientar a relação do pintor com a tradição. Referindo-me a Proust, mais uma vez, diria que esta não é uma boa atitude. Da mesma maneira que Elstir, o artista de *Em Busca do Tempo Perdido*, busca, nos pintores de outra geração, signos anunciadores do que ele está fazendo, assim todo artista deve procurar, em obras anteriores, signos do que ele está desenvolvendo ou elos que lhe permitam se inserir na história da arte.

O crítico não deve detectar a inspiração que o artista teria encontrado na tradição, mas procurar aquilo que, na criação dele, continua a tradição. A perspectiva não é portanto encontrar influências, nem filiação, mas o contrário. Seguindo Michel Serres em *L'origine de la géométrie*, diria que "toda invenção reage até às origens [...]. A invenção faz a história: pouco importa meus ancestrais, eles descenderam de mim!"[13]. Isto é, o artista ou o escritor trabalhando se faz pai dos antecessores; a filiação existe, mas invertida.

QUINTO PARADIGMA: A OBRA NÃO É UMA EXTENSÃO DO ARTISTA

A obra não deve ser considerada uma extensão do artista; ela não é uma rede elástica que o protege e que o acompanha e da qual ele não se separa. Entendo a arte como a maneira que tem o artista de se deixar trabalhar por uma matéria — as cores, a linguagem, a pedra etc. — e assim, sair de si mesmo, situar-se fora de si, ex-sistir como diz Lacan. Não há identificação entre o artista e sua arte como a aranha e sua teia.

Os antigos viam uma relação estreita entre o microcosmo e o macrocosmo, entre o homem e o universo, como se um reproduzisse o outro em maior escala. A psicanálise e outras abordagens do ser falante quebraram esta relação mostrando que o desejo e seus frutos, as paixões, desmontaram esse ideal de relação harmoniosa e prazerosa desejada por todos. Escrever, desenhar ou pintar é colocar entre si e os outros uma outra pele, o "moi-peau" de Didier Anzieu, "na qual o estilo é mais do que uma roupa, [...] é a pele que dá ao autor (não se trata do escritor como diz o texto francês) sua residência"[14]. Residência, acrescentaria eu, da qual o artista ou o sujeito empírico é excluído.

13. [...] "toda invenção reage até às origens [...] A invenção faz a história que importam meus ancestrais ; eles descenderão de mim", M. Serres, *L'origine de la géométrie*, p.22.

14. "Escrever, é colocar entre si e os outros uma segunda pele(*Le Moi-peau* d'Anzieu), mesmo se ela se mostra mais nua que a primeira, um segundo nome, mesmo se ele se torna mais vil do que o outro [...] O estilo é, portanto, mais do que uma roupa [...] Ele é a pele que dá ao ser do escritor sua casa". M. Schneider, *Voleurs de mots*, p. 382.

Tratei de coisas simples, mas parece-me que esses cinco paradigmas não são ainda plenamente aceitos pela crítica de arte. Ainda impregnada do culto dos escritores, os chamados pais da pátria na República francesa e por isso tendo lugar no Panthéon em Paris, a maior parte da crítica venera em primeiro lugar a pessoa do artista genial e não suas obras. Não que despreze a obra, já que revelou o gênio, mas a vê como conseqüência do gênio, sem perceber que a obra é genial porque o artista se submeteu à linguagem usada e soube não explorá-la, mas moldar-se à tradição para, em seguida e somente em seguida, descobrir nela o novo que dará uma obra inédita.

6. A Segunda Narrativa dos Sonhos

Um sonho só é concebido quando a função do significante lhe confere sua estrutura, sua consistência e, ao mesmo tempo, sua insistência. Lacan, *O Seminário 5.*

Analisar os processos de criação do fundador da psicanálise, perceber por meio do estudo desses manuscritos o movimento da escritura ou o nascimento e a vida dos conceitos que levam ao texto publicado poderia ser o objetivo de um estudioso dos manuscritos literário. Infelizmente, não temos manuscritos da *Interpretação dos Sonhos* de Freud disponíveis. Para quem não lê o alemão, temos apenas o livro de Ilse Grubrich-Simitis em português e em francês e um comentário dessa mesma autora dos manuscritos de *Moisés* na revista do Item-CNRS, *Gênesis*[1].

Mesmo assim, tentarei utilizar os dados teóricos oferecidos pela crítica genética para aproximá-la da teoria psicanalítica explicitada no livro fundador[2].

Há um trecho pouco comentado no capítulo VII da *Interpretação dos Sonhos* inserido no parágrafo sobre o esquecimento dos sonhos que trata da repetição. Quando li esse parágrafo, sublinhei e acrescentei na margem: "segunda versão". Estava aguardando uma ocasião para comentá-lo e Fanny Hisgail me deu essa oportunidade com o convite a participar desse evento.

1. I. Grubrich-Simitis, *Freud: retour aux manuscrits. Faire parler des documents muets*. Idem, *De Volta aos Textos de Freud*. Idem, "Sigmund Freud: Les Manuscrits de Moïse", *Genesis*, pp. 179-191.

2. O evento "A Ciência dos Sonhos" celebrava os 100 anos da *Interpretação dos Sonhos*.

Freud escreve o seguinte:

> Quando a narração de um sonho lhe parece difícil de entender, peço que recomece a contar. É raro que o doente use as mesmas palavras. Ora sei que as passagens expressas de outro modo são os pontos fracos que poderiam trair o sonho [...]. Quando eu peço para repetir seu sonho, o doente entende que vou esforçar-me para explicá-lo; uma certa resistência o faz logo proteger as partes fracas de seu disfarce, ele tenta substituir a expressão que poderia traí-lo por uma outra, mais afastada. Dessa maneira, ele atrai minha atenção sobre a primeira. Por mais que se defenda, mais observo que o sonho foi atentivo para disfarçar-se (*L'Interprétation des rêves*, p. 438).

Constatamos que:

1. O narrador de sonho – o doente, como Freud o chama – utiliza alguns procedimentos observados em qualquer manuscrito, a saber, a supressão pela rasura e a substituição. Não necessariamente para disfarçar ou mascarar uma verdade, mas porque certos dados são julgados pouco ou demais relevantes pelo contador.

2. O sonhador não exige a repetição, mas o analista sim. No manuscrito, o escritor escreve uma outra versão movido por uma necessidade interna.

3. Freud transfere, bastante sutilmente, a resistência do doente para uma outra instância na última frase, "o sonho foi atentivo para disfarçar-se". Ele coloca um ao lado do outro, dois sujeitos que parecem colaborar na narrativa: o sujeito do sonho e o sujeito falante.

Essa primeira colocação parece simples, mas se tentamos entender melhor o texto de Freud e o manuscrito, veremos que há outros fenômenos parecidos com o que acontece com o manuscrito e que talvez a crítica genética possa auxiliar o psicanalista na sua escuta e contestar a leitura freudiana.

Para que servem as diferentes versões de um texto inventado, porque repetir, por que reescrever duas, até dez vezes o mesmo trecho?

Os autores que conheço melhor, Flaubert e Proust, repetem de maneiras diferentes. Flaubert repetia na mesma página ou capítulo como se contasse e repetisse um sonho por vez, enquanto Proust parece contar vários pedaços de sonhos na mesma página, nos primeiros cadernos sem nexo aparente. A escritura de Flaubert, parecida com a narrativa do sonho de uma criança, é freqüentemente clara para o interpretante na sua estrutura, enquanto o fólio proustiano, semelhante a um enigma, exige um grande esforço do crítico.

Analisando as relações entre a documentação, na qual baseou-se Flaubert para construir seu romance *Salammbô*, e o texto, percebo que apesar de usar fontes fidedignas a ponto de poder concorrer em erudição com os melhores especialistas da Antigüidade, o autor

Gustave Flaubert submetia qualquer informação a seu estilo que definimos com Lacan como a maneira de entrelaçar seu RSI com a escritura[3].

Como Flaubert fazia estilo? Recopiava ou plagiava as informações dos autores consultados, geógrafos, historiadores ou romancistas na primeira versão, mas as incluía e enquadrava no seu processo de escritura; na segunda versão, ele as transformava a tal ponto que nasciam na frase como se tivessem perdido sua origem. Em outras palavras, a narrativa convertia as informações romanescas, geográficas e históricas e as içava ao nível poético[4]. O escritor passava assim de simples "repetidor" ou "plagiador" à instância de autor.

Proust, como a maioria dos escritores, não agia de outra maneira quando retomava dados históricos ou do cotidiano de sua vida.

Resumindo, o mesmo movimento criativo tem três conseqüências concomitantes:

1. O esquecimento ou a colocação entre parênteses da origem das informações;
2. A entrada dessas informações no estilo ou na escritura do autor;
3. A passagem da instância de "plagiador" para a de autor.

Voltamos a Freud:

Na primeira versão de seu sonho, o paciente, que já é contador de histórias, usa os materiais do sonho, assim como o escritor integra os dados copiados de outros autores. O material bruto do sonho que lhe aparece na memória já é transformado pelo fato de utilizar a linguagem e ser introduzido numa narrativa ou num estilo, distanciando-se assim da origem e tornando o paciente, autor.

A diferença entre o paciente e o escritor reside na localização das informações. O paciente puxa as informações dele mesmo, de uma instância próxima do inconsciente – o Real – enquanto o escritor empresta-as de fontes exteriores. Mas no decorrer do movimento, o caminho da criação é parecido.

Que tipo de relações existe entre as duas fontes de informações, o Real e a tradição histórica, literária ou cultural em geral? Há simplesmente uma relação arqueológica no sentido de que a realidade, que inclui a tradição histórica, literária ou cultural em geral, cobre o Real inconsciente?

Qualquer que seja a origem, no entanto – já que a realidade e o Real estão ligados –, o paciente, o escritor ou o sujeito da enunciação ordena o material no embate com a linguagem, tentando imprimir seus desejos no discurso ou narrativa.

3. P. Willemart, *Bastidores da Criação Literária*, p.19.
4. Idem, ibidem.

Numa segunda etapa, o escritor continua repetindo, não mais o texto de um outro informante, mas seu texto já enriquecido. Flaubert e Proust trabalhavam na margem da folha para em seguida recopiar o novo texto em outra folha. Por que uma segunda ou uma terceira versão? Incentivados provavelmente por uma estética, ou geralmente por terceiros, que incluem a tradição, o meio ou as pessoas encontradas diariamente, o escritor tenta responder ao desejo de um grande Outro que fala atrás desses terceiros. A relação entre as diferentes versões nunca é simples e vai da repetição até a metonímia, passando pela metáfora e por outras figuras de estilo.

Parecido com o escritor não satisfeito com a primeira versão, Freud se coloca no papel do grande Outro e, sem saber, exige de fato, mas sem poder imaginar, a rasura do primeiro texto. Assim, portanto, o paciente elabora melhor seu discurso, entra mais ainda na relação analítica ou transferencial, o que provoca automática e normalmente uma certa perda das origens, isto é, do material do sonho.

Contestando Freud, insisto que não há somente um fenômeno de disfarce desejado pelo contador – autor da primeira versão mais próximo do material do sonho e do sujeito do inconsciente –, mas um distanciamento do primeiro discurso inerente ao re-contar.

O fato de ter que entrar mais na linguagem ou de percorrer mais sua língua, como o escritor na escritura, obriga ao paciente a rasurar, em parte, o primeiro discurso e contar a mesma história de uma outra maneira, ressaltando pontos novos e esquecendo outros, não necessariamente para disfarçar, mas para tornar o discurso mais coerente, contar melhor, agradar ao analista talvez, ou por outros motivos. Mas o fato é que o contador muda de instância narrativa e, de informador "fiel" do material do sonho, passa a ser "criador" de uma narrativa e ficcionista.

Há uma entrada, "natural", diria, no registro da ficção quer seja ela oral ou escrita, produzindo uma explicitação, um alargamento ou uma distensão do que foi afirmado antes. Não haverá necessariamente corte radical ou desligamento total da primeira, mas, como no manuscrito, relações das mais variáveis, nas narrativas situadas entre a metáfora e a metonímia, que o analista detectará sem o pré-julgamento de um disfarce.

Os motivos lembrados acima – o disfarce, o discurso mais coerente, o contar melhor, o agradar ao analista – decorrem da função do eu, mas não refletem a verdadeira natureza do contar que é, como sublinha Lacan, "o desejo do reconhecimento do sujeito"[5], isto é, o sujeito de gozo. Não se trata do gozo em geral, mas de uma parcela de gozo que atravessa as diferentes versões e emerge[6].

5. J. Lacan, *O Seminário 5*, p. 266.

6. P.Willemart, *Além da Psicanálise: a Literatura e as Artes*, p.104

O que fará então o analista, em que terá uma atitude diferente do fundador da psicanálise?

Além de constatar o movimento de criação entre as duas narrativas ou as mudanças ocorridas e de perceber rapidamente qual é a relação entre elas, o analista se perguntará quem fala; é o "*Que voi?*" – famoso entre os lacanianos –, ou qual é a verdade que surge dessa nova ficção?

Em 1900, Freud queria curar seus doentes ou eliminar os males que os afetavam para devolvê-los à vida social, procurava encontrar atrás das palavras do paciente as defesas a serem vencidas. No entanto, em 1912, em *Conselhos aos Médicos sobre o Tratamento Analítico*, Freud dissuadia os analistas de tomar nota e os aconselhava a confiar na "memória inconsciente". Pierre Fédida, lembrando esse conceito no mesmo número da revista *Gênesis*, inventa o conceito de "cadernos da noite". Após a sessão, algumas palavras ouvidas ou ditas que condensam uma rede de pensamentos, ficam gravadas e ressurgem à noite.

Fédida sublinha, portanto, um dos efeitos do sonho narrado que, indo além da repetição sugerida por Freud[7], não se importa com a segunda ou a terceira versão, mas com a eclosão de palavras essenciais que cercam não somente uma rede de pensamento, mas, acrescentarei, uma parcela de gozo.

A transferência que se constrói no consultório por meio do discurso emitido pelos dois interlocutores, o analista e o analisando[8], elabora um novo Simbólico que permite ao analisando anular ou elevar a uma potência superior[9], conscientemente ou não, os nós que obstruem o deslizamento de seu desejo, mas que segundo Fédida, continua nos *Cadernos da Noite* como se o analista ou entrasse nesses cadernos coberto por essas palavras ou mais simplesmente servisse de elo.

Não há, portanto, perda do contato com o material do sonho, que está incluído no registro do Real, mas pelo contrário, insistência no contato.

Quanto mais um escritor escreve e rascunha, mais ele tem oportunidades de revelar uma parcela de gozo. Da mesma maneira, quanto mais o sonhador conta seu sonho, mais ele tem ocasião de tocar um material desconhecido. Baudelaire dizia uma coisa parecida no poema *Alquimia da Dor,* quando atribuía ao poeta a função de construir sarcófagos ou de escrever poemas ao redor da dor-de-existir.

> No sudário das nuvens
> Descubro um cadáver querido
> E nas celestes beiras,
> Constrói grandes sarcófagos.

7. P. Fédida, "Cahiers de la nuit", *Genèse* 8, pp.15-21.
8. P. Willemart, "La relation transférentielle, mémoire du discours analytique", em *Au-delà de la psychanalyse: la littérature et les arts*, p.153.
9. J. Lacan, op. cit., p.356.

O pensamento de Lacan é um pouco diferente, mas cruza de certo modo, a idéia de Fédida.

"O que resta após a eliminação da pegada é o lugar que foi apagado e é esse lugar que sustenta a transmissão", enuncia Lacan no *Seminário V*[10].

Isto é, o que o narrador, o analisando ou o autor deixou de lado e não repetiu, manteve seu lugar que, apesar de vazio, serve de elo de ligação. Em outras palavras, a ordem inconsciente dos elementos ou os dados do Real continuam. Freud podia ficar sossegado. Não é porque o analisando evita certas passagens que o elemento do Real, que sustenta essas passagens, não esteja presente. O analisando não tem esse poder de sonegar que lhe atribui Freud. Apesar de se manifestar dentro da relação transferencial, o Real se manifesta mesmo fora dessa relação, como testemunha o Chiste. Os cadernos da noite de Fédida mantêm a memória das palavras-chaves diretamente ligadas ao Real, enquanto as pegadas eliminadas de Lacan ordenam e significam a presença do Real. Tanto uns como outros ultrapassam o significado imediato e excedem o discurso enunciado. Quanto mais há versões, mais há ocasiões de deixar emergir elementos de gozo.

Nisso, encontramos o que faz a diferença entre a literatura e o discurso do analisando. O bom escritor repete muitas vezes, deixa-se trabalhar nas suas campanhas de redações, que podem ser visíveis ou acontecer dentro da mente, são as rasuras mentais como Michel Butor as definiu.

No gabinete do analista, o discurso analítico nunca será tão rico quanto um romance, porque o que está em jogo é o Real singular do analisando e do analista. Raramente chegamos a envolver elementos comuns a muitos de forma a interessar um grande público. Talvez se juntarmos muitas sessões numa narrativa, seria exeqüível, mas necessitaria de qualquer maneira do trabalho penoso da escritura, da rasura e da composição.

Resumindo, Freud, incentivando seus pacientes a repetir a versão de seu sonho, mesmo enganando-se sobre os motivos das narrações diferentes, forçava-os, sem saber, a tocar o Real de maneira mais contundente e a trabalhar para desfazer os nós de seus desejos. Em outras palavras, sem perceber, Freud praticava a crítica genética, querendo compreender o trabalho do sonho; sua inteligência e a razão o levavam a mandar repetir o sonho, mas surgiam o inesperado e o inconsciente, que o enganavam na sua própria compreensão.

Numa análise, o Real aparece apesar do analista, fosse ele ou não o fundador da psicanálise. Hoje, o analista pode até mandar seu

10. "O que mais uma vez constatamos aí é que, apesar de existir um texto, apesar do significante se inscrever entre outros significantes, o que resta após o apagamento é o lugar onde se apagou, e é também esse lugar que sustenta a transmissão". J. Lacan, op. cit., p.355.

analisando repetir o sonho, mas compreenderá um pouco mais do que Freud, a saber: que a repetição da narrativa leva ao inconsciente e não o esconde.

7. O Conceito de Incerteza em Marcel Proust

Como tratei bastante da incerteza no capítulo seis, vou seguir outro caminho e me ater ao texto bastante conhecido da madeleine de Proust que indica outras pistas para entender o fenômeno.

De antemão, quero sublinhar que não vou tratar do conceito de incerteza de Heisenberg que envolve apenas os objetos do mundo microscópico, mas tentar definir esse conceito de um ponto de vista literário a partir do texto proustiano. Talvez haja analogia entre os dois conceitos, já que eles não recobrem a mesma realidade, talvez o conceito proustiano ajude a entender ou até a enriquecer o conceito de Heisenberg; se não fosse muita pretensão, por que não? Talvez o conceito da física, pelo contrário, esclarece o conceito literário, vamos ver.

> Deponho a taça (xícara) e volto-me para meu espírito. É a ele que compete achar a verdade. Mas como? Grave incerteza, todas as vezes que o espírito se sente ultrapassado por si mesmo; quando ele, o explorador, é ao mesmo tempo o país obscuro a explorar e onde todo seu equipamento de nada lhe servirá. Explorar? Não apenas explorar: criar. Estar diante de qualquer coisa que ainda não existe e que só ele pode dar realidade e fazer entrar em sua luz[1].

O desconhecido, a coisa a ser criada está lá, mas de forma curiosa. Ainda que estando lá como coisa, ela ainda não existe como ser, o que só ocorrerá quando o espírito lhe der "realidade e a fizer entrar em sua luz. Não é, porém, uma criação *ex nihilo,* porque já existe

1. M. Proust, *No Caminho de Swann*, p. 49.

algo que somente passará ao estado de "coisa" sob a ação do espírito. A disposição do espírito preexiste ao aparecimento de um novo ser: "ele está diante de..., próximo a..., na espera de...," como se a abertura do espírito atraísse a vinda de um ser para lhe dar existência ou possibilidade de existir. A encenação da situação do personagem Marcel por Proust não é um modelo de incerteza? Estamos à beira de uma criação, mas o inconveniente é que ela não depende de matérias exteriores, de um objeto a explorar ou a descrever macro, micro ou nanoscopicamente como uma bactéria, o corpo humano ou um astro novo, não se trata de demonstrações matemáticas, de tabulações de dados ou mesmo de uma tentativa de apreender a tonalidade da luz como faria um pintor com as cores.

Trata-se de duas coisas: primeiro, uma disposição do espírito, segundo, uma exploração criativa nas quais envolvem a existência e o ser.

A disposição do espírito à incerteza ou a uma bifurcação, isto é, uma disposição a aceitar uma coisa não esperada, surpreendente, não está na linha lógica do pensamento; não é também como um presente, cuja forma da embalagem deixaria suspeitar o conteúdo, não há matérias nem forma, não há nada em vista nem pressentimento. A espera pode gerar sentimentos, indo da angústia à confiança passando pelo medo, receio e indiferença no escritor ou na personagem. A única certeza da personagem é que vai acontecer algo.

Conclusão. A incerteza vem do objeto que surge, mas ela exige um espírito aberto.

Jean-Pierre Changeux sublinha que "aprender (a língua para as crianças), é eliminar as pré-representações"[2]. No caso do narrador proustiano, não se trata da aquisição de uma língua, mas da criação de um novo referente por meio de uma história. Enquanto a criança procura inserir-se na linguagem já existente, falada pelos que a cercam, o artista está tentando inventar uma nova linguagem ou um novo código que servirá de referência para seus leitores. Mesmo levando em conta essa diferença, concordo com Changeux que a primeira etapa do artista consiste em eliminar ou apagar as informações que obstruem a chegada do novo, só que essa limpeza não é total. Diferente da criança, o artista acumulou uma série de informações pelo raciocínio, o sonho e as percepções de todo tipo. O objeto novo tem que encontrar o caminho para chegar na página do escritor, na tela do pintor etc.

Conclusão. A incerteza vem em parte do conhecido, que deve ser eliminado porque esconde a possibilidade da existência do objeto novo.

> E recomeço a me perguntar qual poderia ser esse estado desconhecido, que não trazia nenhuma prova lógica, mas a evidência de sua felicidade, de sua realidade, ante a qual as outras se desvaneciam[3].

2. J.-P. Changeux, *L'homme de vérité*.
3. M. Proust, *No Caminho de Swann*, p.48.

Reparamos que o novo no caso da madeleine é atraído por uma felicidade e a certeza do aparecimento de algo.

Isto é, a certeza da felicidade, que supõe a novidade, sustenta a procura e vence a incerteza sobre o objeto que surgiria. O atrator é a alegria dada de antemão.

Conclusão. A incerteza exige a certeza cercada de felicidade de que algo vai aparecer.

> Depois, pela segunda vez, faço o vácuo diante dele, torno a apresentar-lhe o sabor ainda recente daquele primeiro gole e sinto estremecer em mim qualquer coisa que se desloca, que desejaria elevar-se, qualquer coisa que teria desancorado, a uma grande profundeza; não sei o que seja, mas aquilo sobe lentamente; sinto a resistência e ouço o rumor das distâncias atravessadas[4].

O objeto tem bastante dificuldade para chegar, mas ele está no herói e não vem de fora; isto é, a origem do objeto é conhecida; ele já foi enterrado ou registrado um dia na mente do personagem. Por quem? Não se sabe, mas provavelmente há tempo ou, sem que ele soubesse, por terceiros, um livro lido, uma obra de arte, uma palavra dita na hora certa, uma melodia que o encantou, um mundo no qual gozou etc. Como? Por meio de um sabor parecido que atrai, tal como um imã, o sabor de hoje. A sensação parece mais eficaz do que a inteligência para a pesquisa ou a invenção artística.

Conclusão. O objeto faz parte da história da personagem, mas a certeza envolve apenas uma sensação.

> Por certo, o que assim palpita no fundo de mim deve ser a imagem, a recordação visual que, ligada a esse sabor, tenta segui-lo até chegar a mim. Mas debate-se demasiado longe, demasiado confuso; mal e mal percebo o reflexo neutro em que se confunde o ininteligível turbilhão das cores agitadas; mas não posso distinguir a forma, pedir-lhe, como ao único intérprete possível que me traduza o testemunho de seu contemporâneo, de seu inseparável companheiro, o sabor, pedir-lhe que me indique de que circunstância particular, de que época do passado é que se trata[5].

O narrador suspeita que é uma lembrança visual, mas nada pode saber da "companheira inseparável" e "única intérprete possível" que, assim como o afeto, não diz *a priori* de que se trata nem conta a história dessa lembrança; o sabor apenas anuncia a chegada da imagem à medida que o herói faz o esforço necessário.

Conclusão. O herói está quase certo da modalidade do objeto – uma imagem visual –, mas continua duvidando quanto à época e às circunstâncias. A aparição do objeto incerto é provocada por um acaso ou uma circunstância acidental.

4. Idem, ibidem, p.50.
5. Idem, ibidem.

No entanto, o acidental não elimina uma parte de determinismo. O sabor é, na verdade, efeito de uma lembrança, que depois se torna guia no labirinto da mente, embora seja provocada fortuitamente: "minha mãe, vendo-me com frio, propôs que tomasse, contra meus hábitos, um pouco de chá". Uma sensação acidental, como o sabor de um gole de chá misturado a um biscoito, se for perseguida com obstinação, leva a uma lembrança escondida nas profundezas da memória, para retomar a expressão marítima proustiana.

Conclusão. A aparição do objeto visual incerto tem a ver, também, com a mente do sujeito e é determinada de uma certa maneira.

> E de súbito a lembrança me apareceu. Aquele gosto era do pedaço de madeleine que nos domingos de manhã em Combray [...] minha tia Leonie me oferecia, depois de o ter mergulhado em seu chá da Índia ou de tília, quando ia cumprimentá-la em seu quarto. [...] Mas quando mais nada subsista de um passado remoto, após a morte das criaturas e a destruição das coisas, sozinhos, mas frágeis porém mais vivos, mais imateriais, mais persistentes, mais fieis, *o odor e o sabor* permanecem ainda por muito tempo, *como almas*, lembrando, aguardando, esperando sobre as ruínas de tudo o mais, e suportando sem ceder, em sua gotícula impalpável, o edifício imenso da recordação[6].

O contato com o novo objeto se fez através das pulsões oral e do olfato, pulsões primitivas por excelência, já que são as primeiras que contribuíram para construir o mapa erótico do sujeito e que tocam mais de perto o Real. O sabor e o cheiro decorrem de um contato direto com o objeto saboreado ou sentido.

Conclusão. O objeto incerto faz parte de um percurso que tem nas duas pontes a mesma sensação alojada na mente do sujeito.

Resumindo, podemos dizer que a incerteza vem de vários fatores:

1 do objeto que vai surgir;
2. do conhecido que esconde a possibilidade da existência do objeto novo;
3. da conformação e da natureza do objeto;
4. da limitação da certeza à sensação;
5. da época e das circunstâncias;
6. da aparição do objeto que depende de um acaso ou uma circuns tância acidental.

Mas pergunto se há uma certeza que cerca a incerteza ou uma incerteza que cerca a certeza, já que:

1. a incerteza está incluída na história da personagem, embora a certeza envolva apenas uma sensação;

6. Idem, ibidem, pp.50-51.

2. o objeto já é determinado de uma certa maneira, já que vem da mente do sujeito;

3. o objeto incerto faz parte de um percurso que tem nas duas pontes a mesma sensação alojada na mente;

4. o sujeito sabe que o objeto incerto é uma imagem visual, embora sem modalidade conhecida.

No caso da madeleine, a procura por um objeto novo decorre do "prazer delicioso", ressentido no primeiro gole. Isto é, uma condição inicial, um prazer, dirige e subentende o processo que dá ao herói a certeza de uma felicidade maior no futuro e favorece a abertura do espírito.

Em outras palavras, a incerteza vem tanto do conhecido como do desconhecido numa primeira etapa, em seguida, da natureza do objeto novo e do momento da aparição e, enfim, do trabalho da mente.

A partir desses elementos, aparentemente simples e evidentes, resta saber como a concepção proustiana da aparição do novo traz algo de inédito na poética da incerteza e como administrá-la.

Primeiro Proust consegue unir o que parece impossível, a saber: o imprevisível do que virá – aqui a casa de Combray –, com o determinismo do efeito retroativo, uma sensação de outrora revivida hoje. Há uma relação de causa e efeito, mas o efeito atravessa o tempo para buscar a causa. Não seguindo a horizontalidade temporal, a procura permite, assim, quebrar o indeterminismo inicial. É uma primeira bifurcação que não esquece o ponto de partida ou as condições iniciais (o prazer e o sabor), mas pelo contrário, as leva em conta. A passagem da zona de incerteza para uma zona determinista é possível com esse mecanismo bem proustiano, o esquecimento da cronologia dos fatos, ou melhor, o esmagar dos anos ou ainda, a redução dos anos num mesmo espaço ou num mesmo corpo. É o Tempo incorporado do *Tempo Redescoberto*[7], como se o tempo tivesse literalmente entrado no corpo – noção diferente daquela do tempo que corre. As personagens serão transformadas em gigantes, pois o seu tamanho será avaliado pelo número de anos acumulados e não mais pela altura. Esse fenômeno, bem próximo da cena mallarmeana, coloca os eventos numa cena de teatro, maneira de driblar a incerteza no produto final e de construir um mundo determinista e não criado por acaso. Enquanto o homem acredita no tempo calendário, que o ajuda a viver porque o situa em relação à vida e à morte, o narrador proustiano foge desse modelo e ancora a busca num espaço atemporal.

Segundo, o narrador proustiano insere a incerteza em vários momentos que podemos discutir:

7. Idem, *O Tempo Redescoberto*, p.291.

1. A primeira etapa da descoberta é atribuída ao acaso. Não há cientificidade ou leis, mas puro empirismo. É como se o objeto novo, mesmo se estiver ligado a uma sensação de hoje, dependesse de circunstâncias totalmente aleatórias.

Acaso ou necessidade é o livro de Jacques Monod[8], que testemunha essa inquietação, e que fala do nascimento do Universo e da vida como resultado de uma loteria cósmica. Podemos falar de probabilidade? O início da criação dependeria de um acaso, um chá com bolachas oferecido ao herói no inverno?

Deixando o imaginário da trajetória, que vê as etapas uma por uma, adotamos, numa primeira etapa, a janela de Prigogine, na qual as circunstâncias, por mais aleatórias que sejam, se encontram e se fecham num recinto que pode ser a página do escritor, um corte no tempo ou um ponto de referência; em seguida, essas mesmas circunstâncias se auto-organizam e, enfim – terceira etapa –, elas produzem um novo determinismo. Entendendo assim o processo: evitamos a escolha entre o demônio laplaciano e Jacques Monod e admitimos que uma zona de indeterminismo possa suceder a uma zona de determinismo, que por sua vez desemboca numa zona de indeterminismo e assim por diante. O acaso ou a incerteza seria entendido como apenas um dos inúmeros fatores da constituição do objeto novo que, integrado estruturalmente a outros fatores, determina a criação.

2. A incerteza do objeto novo provém da conformação e da natureza do objeto.

Entretanto, comparando a experiência inicial, o chá com bolacha, tomado na casa da mãe, com a experiência lembrada, a mesma cena, mas com tia Léonie em Combray, as diferenças são poucas, a maior sendo a época distante à qual o resto está atrelado. Isto é, a imagem visual não é nova, estava enterrada na memória; a novidade reside no percurso original de uma sensação à outra, a travessia que permitiu encontrar a cena paralela.

Analisando essa associação entre as duas sensações, a de hoje e a de outrora, podemos pensar que o sabor de hoje contém o sabor de ontem nas suas dobras, isto é, o herói não podia ter o prazer que ressentiu a segunda vez se não tivesse tido o mesmo prazer na primeira vez. Numa espécie de bate-bola, a segunda sensação chamou a primeira. A novidade, portanto, não está na primeira, mas na relação entre elas. O objeto dito novo, já estava lá em parte, mas o herói não podia entendê-lo nem descrevê-lo sem o ricochete da primeira sensação. Esse bate-bola, parecido com a ação do significante lacania-

8. J. Monod, *Le hasard et la nécessité. Essai sur la philosophie naturelle de la biologie*.

no[9], poderia fazer desta sensação não simplesmente um signo, que pelo seu conteúdo faz sinal ao herói, mas um verdadeiro significante que, vazado de seu conteúdo, representa o herói.

Em outras palavras, o objeto novo não está inteiramente no passado, como poderia parecer ao leitor da obra proustiana. A criação literária não consiste em lembrar do passado, acumulando as lembranças involuntárias ou vivendo um processo semelhante ao da madeleine.

Deduzi da análise do texto que a incerteza do objeto novo vem da ignorância do tempo, das circunstâncias e da época. Mas pelo comentário anterior, percebemos que o objeto novo completo inclui a própria sensação inédita, a sensação lembrada e seu contexto. Aconteceu de fato uma sensação parecida numa época remota, mas a imagem visual ligada a essa sensação ficou na memória da sensação sempre presente; pouco importa quando exatamente. O biógrafo da personagem talvez se preocupe com isso, mas o próprio narrador diz que todo domingo a tia Léonie oferecia a madeleine "depois de o ter mergulhado em seu chá da Índia ou de tília, quando ia cumprimentá-la em seu quarto". Não há um ano preciso, podia ser qualquer domingo quando o herói ia passar as férias na casa da avó. A sensação contextualizada, repetida tantas vezes, conseguiu implantar-se na mente do herói e surgir num contexto parecido. Sua riqueza depende em parte do passado, mas não aparece sem o ato presente.

Portanto, se quisermos descobrir as circunstâncias da aparição do novo, temos que voltar ao início do texto sobre a madeleine:

> Mas no mesmo instante em que aquele gole, de envolta com as migalhas do bolo, tocou meu paladar estremeci, atento ao que se passava de extraordinário em mim. Invadira-me um prazer delicioso, isolado, sem noção de sua causa.[...] Cessava de me sentir medíocre, contingente, mortal. De onde me teria vindo aquela poderosa alegria?[10]

O objeto novo, diferente de outras sensações ocorridas anteriormente, vem cercado de uma poderosa alegria. Enquanto outros inventores geram na pena e na dor, o herói proustiano foi surpreendido por uma sensação acompanhada de "prazer delicioso". O clima de incerteza inicia-se neste sentimento para o personagem. Devemos concluir que o sentimento ou o afeto perturbam tanto a mente que provocam o mergulho no tempo e o salto na janela de Prigogine? É como se a alegria estremecesse os pontos comuns de referência e obrigasse a mente a procurar outros.

9. J. Lacan, *L'identification. (Séminaire 1961-62)*, p.127.
10. M. Proust, *No Caminho de Swan*, p.49.

Lacan diz uma coisa parecida afirmando que a base da incerteza consiste na possibilidade de voltar ao S^1 ou ao não numerável[11]. É mais uma pista que poderia ser explorada a qual reenvio o leitor.

11. J. Lacan, *Livre XIX. Ou pire*.

8. Urbanismo e Crítica Genética em São Paulo

Este capítulo bastante diferente não trata de literatura. Entretanto, estabelece relações com os outros capítulos no sentido de que seus fundamentos teóricos provêem dos estudos sobre o manuscrito e de sua abordagem psicanalítica.

Ver a construção de uma cidade como a fabricação de um livro foi uma aposta, visto os quinhentos anos que separam a fundação de São Paulo do Centro histórico atual. Os manuscritos da escritura do Centro traduzidos em monumentos quase todos demolidos, não me deixavam alternativa a não ser examinar o Centro a partir do presente e descobrir como devolvê-lo a seus habitantes.

Diante do interesse cada vez maior pela revitalização do Centro de São Paulo por parte dos moradores, os administradores poderão observar dois eixos essenciais: cuidar para que o habitante possa "salvaguardar as suas raízes como identidade cósmica pelo reatamento com a cultura local"[1] e exigir dos urbanistas um "savoir-faire" ligado à estética.

Para desenvolver estes eixos, responderei de um modo não sistemático a três perguntas. A primeira, compreender a razão não econômica nem sociológica, mas simbólica, do esforço de volta às raízes manifestado em várias cidades brasileiras e já realizado em muitas da Europa.

1. C. Bruni, Proposta do Encontro "De l'art comme réalité à la réalité des arts." Colloque International sur l'art au troisième millénaire. Groupe d'Etudes et de Recherche des Médias Spontanés (GERMS). Istituto Universitario di Architettura di Venezia. 15-17 mars 2001

A segunda, sublinhar a originalidade desse projeto para a cidade de São Paulo. A terceira, considerar a posição da arte nesta revitalização.

São Paulo, a maior metrópole da América Latina, onde se misturam, nos 72 km de cumprimento, bairros de Primeiro e Terceiro mundo, reunindo 75 nacionalidades, recupera, há alguns anos e, pouco a pouco, seu Centro, graças aos esforços, entre outros, da Associação Viva o Centro, que reúne os interessados do setor privado desde 1991[2] e teve algumas de suas propostas retomadas pelo Governo do Estado e a Prefeitura da cidade.

O FLUXO DA IMIGRAÇÃO

Povoada somente por alguns milhares de portugueses, de brasilíndios e de índios até a metade do século XVIII, a cidade abriga 20.000 pessoas em 1750, com a chegada dos escravos africanos para, em seguida, receber as vagas de imigração vindas sucessivamente da Ásia, Europa, América do Sul, além dos migrantes provenientes do interior da então província e de outras do Brasil.

A cidade atingirá, assim, 579.000 habitantes em 1920, 1.320.000 em 1940, 6 milhões em 1970, e se estabilizará em aproximadamente dez milhões em 2000[3]. Foram necessárias, assim, transformações contínuas que a fizeram avançar em todas as direções a tal ponto que, dificilmente, se reconheceria no seu passado. Mudando continuamente de aspecto no decorrer do século vinte, e abandonando o Centro histórico como referência, São Paulo se espalhará e multiplicará seus centros ao acaso das transações imobiliárias nos seus 1500 quilômetros quadrados.

ABANDONO DO CENTRO

O Centro foi preterido como referência e local de convívio em benefício de outros bairros somente a partir dos anos de 1960, mas os cortiços – índices de abandono de uma região – começaram a aparecer depois de 1970 com a chegada maciça de trabalhadores mal remunerados pela indústria crescente[4]. Isso significa que até a metade do século XX, o Centro aparentava ter ainda o espírito de uma capital, isto é, de um local de poder administrativo e político. Porém, para a década de 1960 e depois da dispersão dos poderes públicos

2. Editou o primeiro número de sua revista *URBS* em 1997. Ver o site http: www.vivaocentro.org.br

3. O. Cabral, "Imigrantes Transformam Vila em 3ª Maior Cidade do Mundo", *Folha de S. Paulo*, 23 de janeiro de 2000, p.3.

4. A. Piccini, *Cortiços na Cidade. Conceito e Preconceito na Reestruturação do Centro Urbano de São Paulo*, p.27.

fora do perímetro inicial, o Centro se transformará rapidamente em um local de passagem apenas.

A fuga do Centro facilitada pelas imigrações, o surgimento de novos bairros, a demolição de casas para a construção de prédios, o traçado de novas avenidas, o aproveitamento dos 42 km de margem dos rios Pinheiros e Tietê, para vias de circulação rápida, forçaram as administrações a adotar, sucessivamente, vários planos diretores desde 1920 e a constatar que o Centro perde progressivamente sua posição inicial, "aquela que vê todos os pontos a partir de seu local e que é vista por eles a partir do deles"[5].

Por que essa volta ao velho Centro? Por que um Centro e não múltiplos Centros? Quais são os objetivos dos administradores e o que se pode supor do Simbólico que os guia? Relendo brevemente a história, não pretendo, absolutamente, inventar um inconsciente coletivo que traçaria o caminho atravessando os séculos, mas sim perceber, nos monumentos preservados, um desejo de manter ou não um Simbólico ou uma estrutura de memória que permita aos habitantes situar-se e sentir-se parte de um conjunto.

As razões invocadas hoje para a volta ao Centro histórico são bastante comuns a muitas outras metrópoles: devolver-lhe a vida de dia e de noite, proporcionando a circulação de pedestres; reintegrá-lo aos bairros adjacentes; evitar o banditismo, reforçando a segurança; retomar uma região dominada por cortiços, demolindo ou reformando os imóveis, o que, em última análise, significa expulsar os moradores atuais e incitar a entrada de uma classe média mais favorecida.

Mas, podemos também interpretar a vontade de retornar como um esforço da Administração de fazer do Centro algo ao qual as pessoas se apeguem, vivenciando o que muitos programas de renovação chamam de charme (glamour[6]) por São Paulo.

COMO FAZER DO CENTRO UM OBJETO DE ARTE?

"Charme", é desta palavra que partirei. "Charme" inclui as noções de misterioso, sedutor, agradável e tem certamente, em nosso caso, ligações com a "saudade" e suas muitas conotações.

1. Esta palavra pode traduzir a nostalgia dos velhos habitantes de São Paulo ao se lembrarem da cidade de sua infância ou adolescência, nos idos de 1950, quando o Centro era a parte mais elegante da cidade, concentrando os escritórios da Prefeitura e do Governo do Estado, os teatros, os cinemas, lojas e restaurantes, e era um prazer

5. M. Serres, *Les origines de la géométrie*, p.142.
6. A. Piccini, ibidem, p.72.

andar pelas ruas limpas e bem conservadas, ignorando os cortiços nos fundos das casas, ou das ruas adjacentes pouco freqüentadas.

2. Para a maioria dos moradores atuais que só conhece um Centro, em geral sujo, perigoso, ameaçado por fumantes de craque e batedores de carteira, sem vida noturna e onde se aglomeram grandes edifícios bancários e comerciais, ao lado de cortiços dispersos, a palavra "charme" pode dar uma idéia de Centro ocultada, talvez, também na memória da infância, mas tendo ligação com sua terra natal e não mais com a São Paulo de seus antigos moradores. A idéia de 'centro' agruparia, portanto, todas as regiões do país ou dos países de origem dos imigrantes, idéia que seria formidável, fantástica, mesmo porque multicolorida e extremamente rica pela diversidade, se fosse concretamente representada.

Sem ligação com a realidade empírica, já que talvez nenhum ou poucos administradores pensem nesse Centro imaginário, nem com a transformação da realidade em arte, a idéia de Centro dos imigrantes justifica a frase de Marcel Proust: "Os verdadeiros paraísos são os paraísos perdidos". Qualquer tentativa de fazer reviver o Centro ficaria de todo modo no esboço porque "não seria nunca isso", assim como o gozo, mas tal idéia poderia ser proposta aos urbanistas.

3. A palavra "charme" – nostalgia – representa, enfim, e agora para todos os habitantes, uma idéia de Centro vista como volta à origem. Isso não significa uma volta à mãe, ao sublinhar de uma psicanálise selvagem, mas ao contrário, uma volta à fonte da Arte, entendida tal qual um desejo de fazer algo diferente do desejo da mãe[7]. Se podemos englobar o "savoir-faire" na arte, podemos encarar o retorno à origem de uma cidade como o retorno à arte e à sua realidade.

O CENTRO DE SÃO PAULO HOJE. O QUE CONSTATAMOS?

No espaço estreito do velho Centro e, circunscrito pelas avenidas que reúnem o mosteiro de São Bento, a igreja São Francisco, a Catedral da Sé e o museu Anchieta anexado à igreja dos Jesuítas, circulam 3,8 milhões de pedestres por dia, segundo o recenseamento de 1994. Sabe-se também que 30% dos imóveis estão vazios e que 11% da população estável deixaram-no entre 1980 e 1991[8]. As classes populares, a bancária e a notarial se cruzam aí todos os dias para a renovação constante das mercadorias, de papéis ou dinheiro que são

7. "O escritor (e acrescentarei qualquer artista) mata nele o plagiário e o pensador faz o luto da criança pensada pela mãe". M. Schneider, *Voleurs de mots*, p.34.

8. A. Piccini, ibidem, p.66.

oferecidos ao consumo e à circulação. Paradoxalmente, o Centro abriga o volátil, o movimento e a mudança na sua velha estrutura, porém, só funciona durante o dia. Por tal motivo, as autoridades não podem fazer do Centro um cartão postal para turistas, um quadro a ser exibido ou um museu aberto como o Pelourinho de Salvador.

O velho Centro contém somente uma reprodução do Colégio dos Jesuítas do século XVII[9], um solar que data do XVIII, um convento do XIX, já que a maior parte dos locais históricos e as pontes foram demolidas e reconstruídas no século XX. Nada, até agora, daquilo que caracterizaria a alma nacional brasileira: a leveza das curvas, a fantasia, a poesia, a imaginação sem fim[10]. A violência que inaugurara a cidade, ignorando a cultura ameríndia, continua, portanto, no decorrer dos tempos e elimina, sistematicamente, os vestígios, o "savoir-faire" e o Simbólico arquitetural de épocas precedentes.

A brutalidade das destruições causadas pela necessidade de modernizar, ou simplesmente integrar os recém-chegados, não é, todavia, inteiramente negativa. Assim como uma descoberta científica refaz a história da ciência[11], da mesma forma, a chegada de grupos diferentes – africanos, asiáticos, europeus ou nordestinos – obriga o historiador a repensar a história da cidade e a vê-la, não em uma continuidade linear, mas como uma avenida forçada a se alargar e a bifurcar, em conseqüência do aumento explosivo e imprevisto de pedestres e carros.

COMO ENTENDER A CIDADE?

Devemos considerar os monumentos restantes como índices de uma memória arquitetural presente, embora subterrânea? Ou encará-los como folhas dispersas de um manuscrito, que o habitante deve eventualmente reconstituir? Em outras palavras, devemos ler os monumentos como rasuras ou esboços, que deixam ainda ver camadas de memória efêmeras de objetos de arte, que disseram e traduziram o habitante de São Paulo no decorrer do tempo ?

Classificar os monumentos por século provavelmente ajudará o historiador clássico a decifrar a história linear da cidade, mas o que fará o cidadão comum, que percorre o Centro com esses resíduos de uma história das transformações da realidade em arte, que aparecem aqui e agora no mesmo espaço? Como se sentirá parte integrante de quinhentos anos de ocupação? Como a arquitetura de uma época,

9. A cabana foi substituída mais tarde por um colégio em taipa, que, demolido, por sua vez será reconstruído em tijolos em 1882, passará nas mãos do Governo que o devolverá aos jesuítas em 1954. Estes reergueram uma reprodução do velho edifício que constitui hoje o núcleo do Centro histórico.

10. O. Arantes, *Urbanismo em Fim de Linha*, p.116.

11. M. Serres, op. cit., p.22.

que desenhou igreja e monumento em um planalto de encostas acentuadas, pode passar signos que lançariam o pedestre nos séculos que o precederam? O passante deveria se distanciar do que vê e imaginar o que está preso a cada pedaço de terra da colina, como se a terra, ela própria, mantivesse e juntasse os monumentos e os acontecimentos do passado que precisariam ser desenterrados?

PROPOSTA DE INTERPRETAÇÃO

Podemos considerar as praças e os monumentos, preservados nos dois últimos séculos, como testemunhas do nascimento da grande cidade industrial que quer esquecer seu passado de cidade provinciana ou como lugar de memória. Entenderemos estes lugares de memória, não como os Antigos[12], mas como os "sites" proustianos que "transformam-se em olho e descobrem partes escondidas do 'eu' que os observa"[13]. Eles são evidentemente signos de um passado histórico, entretanto, para as quatro ou cinco gerações de paulistanos que vivem atualmente, são, antes de tudo, signo do seu passado, sua realidade, sua cultura e situam-se em seu imaginário.

Ás ruas, monumentos, objetos de arte, que eles conheceram com o atual ou antigo aspecto, está ligado um pedaço de sua vida – um passeio, uma visita, um encontro, uma livraria, uma loja, um teatro, um cinema, uma escola, manifestações políticas, religiosas ou folclóricas etc. –, acontecimentos que tornam os habitantes cidadãos da cidade.

Entretanto, à medida que a cidade se transforma, a memória petrificada desaparece ou deixa ver somente vestígios, pontas de icebergue outrora visíveis, reduzindo o passado a lembranças esparsas, fotografias amareladas, velhos filmes, acontecimentos esquecidos que só ressurgirão por acaso ou, talvez, quando da perda de moradia para a reorganização do bairro.

Um desligamento se opera entre o cidadão e a cidade, entre a história vivida, os objetos de arte e o presente, o que o obriga, seja para criticar e recusar o momento atual e refugiar no passado, seja para viver as mudanças contínuas, assimilando-as e ligando-as a outra coisa além de fragmentos de monumentos, estradas, parques, bairros reconstruídos como quadros de exposição para turistas. Em outras palavras, a memória, tornada fragmentária, o mergulhará de

12. Os lugares de memória, meio mnemotécnico usado pelos Antigos e na Idade Média, permitiam aos oradores de colocar partes de seu discurso nas salas sucessivas dos edifícios públicos, uma catedral, um museu ou um convento que, percorridas em imaginação, lembravam habilmente seus escritos.

13. P.Willemart, *Proust, Poeta e Psicanalista*, p.193.

novo no passado ou o jogará fora de si mesmo no passado da cidade, mas desenraizará os objetos artísticos de seu contexto.

OS PAULISTANOS VÃO PERDER A LIGAÇÃO COM O CENTRO E A CIDADE CONCRETA?

Antes de responder, devemos nos lembrar que:

> [...] a cultura não pode ser vista como um projeto cumulativo na direção de um coroamento linear no futuro, mas como uma rede de conexões cuja força de fricção e engaste ressalta a noção de processos dentro da sua estrutura. Daí a importância de se mostrar como certos processos civilizatórios têm o seu modo de conhecimento fundado numa especial relação material entre séries culturais concretas, que constituem ao mesmo tempo relações entre sistemas e sub-sistemas de signos[14].

Pertencer a uma cidade e transformar a realidade em arte não se resume em uma série de fatos vividos no tempo; consiste também em se deixar envolver e ser envolvido por malhas simbólicas que, contando com a contribuição de cada um, fazem do indivíduo um elo de correntes diversas. Assim, todo cidadão será, pelo menos, imigrante ou descendente de imigrantes, de índios, de escravos e, ao mesmo tempo, vizinho, estudante, eleitor, trabalhador, torcedor, artista etc.

As redes escolares e também acadêmicas, políticas, sociais, de filiação, de vizinhança fazem-no recuperar o passado de maneira muito mais rica do que se o cidadão só pensasse em si próprio ou só contasse com sua memória individual. Pouco importa se há apenas alguns restos da realidade transformada em arte como a imitação do Colégio dos Jesuítas, o solar da Marquesa do século XVIII, alguns casarões da época do café e o monumento aos Bandeirantes ou outras esculturas de Vítor Brecheret, pouco importa se o século XX arrasou o passado para construir imitações de estilo europeu, manifestando, assim, a terrível mímesis reinante entre as duas culturas e a dependência em relação a Europa. O essencial será a integração mais ou menos eficaz às redes simbólicas citadas acima.

A renovação do Centro histórico será um dos ingredientes desta rede que sensibilizará aqueles que o visitarem, mas não o principal. A história da cidade fará mais facilmente parte de uma canção ou uma poesia do que de um monumento. O cidadão poderá, assim, repetir o gesto de Mário de Andrade que, endossando as tradições dos primeiros habitantes de São Paulo, os índios tupi-guaranis, e pastichando Alfred de Musset em *Nuit de Mai*[15], dizia na sua poesia,

14. A. Pinheiro, "Signo, Paisagem, Cultura", em *Fronteiras da criação. VI Encontro de Pesquisadores do Manuscrito*, p.75.

15. T. A. Lopez, "A Biblioteca de Mário de Andrade: Seara e Celeiro da Criação", em *Criação em Processo. Ensaios de Crítica Genética*, p.45.

reatando as tradições brasileiras e européia que construíram São Paulo: "Sou um Tupi tangendo um alaúde"[16]. Ele poderá também reler *Macunaíma* do mesmo autor que tenta definir uma identidade brasileira ou, ainda, cantar com o poeta as múltiplas faces e divindades do Brasil : "Eu sou trezentos, sou trezentos-e-cinqüenta"[17]. Poderá, enfim, cultivar o termo "bandeirante" que caracteriza o paulistano no bom e no mau sentido da palavra.

Restaurar os monumentos existentes, não mais demolir os antigos, tornar as ruas adjacentes exclusivas para pedestres, tudo isso poderá servir de cartão postal para turistas ou de quadro para uma exposição. Todavia, não é o essencial para o Centro de São Paulo nem deve sê-lo para os administradores.

Enquanto o Centro continuar nas mãos dos habitantes e provocar inquietação pelos contrastes[18] – as diferentes classes sociais que aí circulam, da calma do Pátio do Colégio em oposição aos gritos dos vendedores em quase todo o resto do triângulo –, ele não será nem puro objeto estético isolado de sua dimensão social e de sua realidade, como alguns interpretam, nem um museu conservador de valores mumificados, nem fetiche[19] nas mãos da Secretaria de Turismo.

A volta ao Centro em São Paulo faz parte de um movimento de estabilização da cidade que procura, ao mesmo tempo, recuperar sua integridade trazendo de volta os centros de decisão, ordenando e melhorando esteticamente o patrimônio restante.

Pode-se dizer, com o risco de magoar os urbanistas, que a memória da cidade de São Paulo não estará fundamentalmente em monumentos ou na arte arquitetural? Poderia eu afirmar que as redes simbólicas já citadas, que compreendem todos os outros domínios da arte e integram cada criança, adolescente ou adulto da cidade pela educação, serão mais importantes?

PARA CONCLUIR

Retomando as premissas iniciais, detectamos, na reorganização de São Paulo, desde a fundação até os anos de 1990, a ação de uma pulsão destruidora decorrente do contínuo fluxo dos imigrantes, que faz explodir a cidade e destrói as referências, obrigando os morado-

16. M. de Andrade, "Paulicéia Desvairada", em *Poesias Completas*, p.33.
17. Idem, "Eu sou Trezentos ... (1929). Remates de Males", em *Poesias Completas*, p.221.
18. O. Arantes, *Urbanismo em Fim de Linha*, p.68.
19. "de modo geral, qualquer arte que cancele inteiramente a memória do seu ser-para-outro vira fetiche". Idem, ibidem, p.69.

res a procurá-las em outro lugar. O Centro lhe escapa como as paisagens que, desfilando diante do viajante de trem, não podem parar seu olhar. Em termos geométricos, dir-se-ia que as numerosas variáveis ou facetas do Centro permitem aos habitantes discernir o invariante estável no qual descobrem um desconhecido que está neles e que se resumiria no sentimento de pertencer à cidade, bem diferente, no entanto, para cada um, como sublinhamos acima[20].

No final do século XX, o esgotamento da imigração provoca um desejo de recuperar o espaço perdido e de devolvê-lo a todos os habitantes. As autoridades tentam então controlar o caos dos cortiços, reformar e pintar os monumentos restantes, criar centros comerciais e culturais revitalizando assim o Centro histórico. A reconquista necessária para uma reintegração procura, antes de tudo, preservar o que resta e permitir a circulação de todos. Contrariamente aos jesuítas, aos bandeirantes e à maioria dos administradores da cidade que, até os anos de 1990, eliminavam e rasuravam as origens e as contribuições arquiteturais das épocas precedentes, a volta ao Centro quer recolocar as fontes da cidade no Imaginário de todos os paulistanos para reinseri-los em um Simbólico mais dilatado, o de morar em uma cidade estruturada que é parte de um objeto de arte, no sentido amplo do termo, integrador da realidade e ponto de referência para todos.

Bem diferente de Salvador com o Pelourinho, de Curitiba com algumas ruas para pedestres, o Centro de São Paulo nunca foi abandonado pela população e sempre atraiu pelo comércio e pelos bancos. Ele havia, entretanto, interrompido sua função aglutinadora, ou de objeto de arte fazendo parte da vida de todos, durante o último século. É nisto que a renovação do Centro de São Paulo é diferente daquela de outras cidades. Devido a isso, seu urbanismo não terá a mesma função.

Não se trata somente de eliminar ou transformar os cortiços e sim de convencer os moradores de que o Centro lhes pertence, dando a todos a possibilidade de nele circular e morar, e lhes proporcionando o contato com os órgãos administrativos.

Voltar ao Centro e deixá-lo habitável, fixá-lo no espírito das pessoas ou torná-lo novamente um objeto artístico e de sedução são movimentos que se sustentam e permitem ao paulistano contar com ele, a partir da própria zona residencial ou profissional, tornando-o um ponto de referência e não de partida como na história linear. É por tal motivo que não falo do mito da origem, nem posso considerar

20. "ao lugar de deixar a pirâmide falar do Sol, saber o invariante, dizer a escala do variável, Thalès pede ao Sol para falar da pirâmide, isto é, ao mutante de dizer constantemente algo do que fica. Esperteza mais forte a de Comte: o invariante não discerne mais os desvios regulares do variável, mas ao inverso, no variável, o filósofo discerne o invariante estável e descobre o desconhecido". M. Serres, op. cit., p.199.

o Centro como sede do poder que exige a presença dos moradores como acontecia antes[21].

A história de São Paulo se inscreverá, para cada um, numa lógica de "só depois" como na interpretação psicanalítica. Ela se fará a partir do presente e, como a linha do pescador, traz de volta à rede o peixe que se debate, segundo uma trajetória nada linear; do mesmo modo, o habitante traçará novamente sua história e a da cidade, a partir do presente vivido hoje segundo voltas e desvios imprevisíveis.

Para isso, porém, é preciso que ele queira agarrar o objeto desejável, o Centro, o que é impossível caso este continue inseguro, intransitável e inabitável.

Nossos urbanistas deverão, portanto, seduzir o habitante e inserir a função atual do Centro essencialmente comercial em uma outra função mais larga que insista na captação do olhar, a qual poderá ser feita em três etapas.

A primeira, ainda no início, deve eliminar a poluição visual e sonora das ruas, limpando e arrumando fachadas e monumentos, como simbolicamente fez a prefeita Marta Suplicy, em janeiro de 2001, ao convidar a população para, junto com ela, lavar o Estádio do Pacaembu.

A segunda deverá introduzir elementos móveis e mutáveis que preencherão a função específica da arte: chocar, suscitar perguntas ou admiração e apostar, assim, na terceira dimensão do ser, a Beleza. Para isso, os urbanistas ou os arquitetos poderão evocar a memória escondida nos elementos que serviram para construir São Paulo no decorrer do tempo, como estátuas ou pedaços de telhado, batentes de portas, janelas, objetos de arte sacra, de guerra ou de cozinha, elementos que podem ser ainda vistos no museu Anchieta. Tirar tais elementos do museu, reencontrar o saber que encerram, explorando-o nas obras de arte; desenhar esses objetos, pintá-los ou esculpi-los, sem reproduzi-los, mas, simplesmente mostrando o que só um poeta ou um artista pode imaginar: a história que os objetos contribuíram para criar.

Neste sentido, farei minha a frase de Anne Flore Guiné e Hervé Potin na Bienal de Veneza em 2002. "Nós defendemos uma arquitetura contextual que aceite a fragmentação, a autonomia das formas, a cor, o direito ao sonho diante da política de uniformização das cidades"[22]. Esses objetos elevados à categoria de obra de arte, ainda que autônomos na forma, diferenciarão o Centro das outras regiões e marcarão a memória das pessoas. Entretanto, assim como na literatura, em que o estilo de um autor ou obra se caracteriza pela "insistência de uma forma"[23], assim também, na

21. M. Butor, *Répertoire V*, p.38.
22. http://www.labienaledivenezia.net.
23. M. Proust, *O Caminho de Guermantes*, p.44.

cidade, um objeto ou conjunto de objetos deverá não necessariamente repetir, mas distinguir-se para surpreender o habitante. Um conjunto arquitetônico como o Vale do Anhangabaú, renovado há poucos anos, ou a Estação Júlio Prestes da Luz – recentemente transformada em sala de concerto – e seus arredores, poderia servir de exemplo, do mesmo modo que um só objeto repetido em sua forma, sem por isso ser eliminado em sua dimensão, invadirá o espírito do habitante que o identificará à cidade. Fragmentação e autonomia das formas, sim, mas respeitando uma "mesmidade" ou uma identidade da cidade, ilustrada por uma forma que se destaca e suplanta as outras no espírito do passante.

A terceira decorrerá das duas primeiras etapas quase naturalmente. Criar-se-á entre cada habitante e o Centro uma ligação, ou melhor, um espaço singular que chamarei "o espaço de gozo estético", o qual traduzirá a circulação existente entre os dois pólos. Novo conceito, diferente da estética da recepção de Jauss, que só considera o receptor, esse espaço imaginário e simbólico conterá muitos dados.

Sofrerá inicialmente o impacto global do objeto que se imporá ao público. Como? O Centro olhará o habitante e preencherá seu espírito de elementos não controlados pela inteligência. Ponto de partida, o olhar envolvente da cidade através de suas formas – insisto, é a cidade que olha o habitante inicialmente e não o contrário –, deverá tocar os sentidos das pessoas, este algo impreciso e pouco qualificado objetivamente, mas que se revela mais eficaz na lembrança do que a inteligência, como nos ensinou o narrador proustiano[24].

O novo espaço abrangerá, em seguida, a percepção seletiva do habitante, que inclui os sentimentos, as impressões, as lembranças, as associações que surgem e a inteligibilidade decorrente. E enfim, o espaço de gozo estético subtenderá uma nova estrutura simbólica, já que o habitante fará do Centro uma referência.

Este movimento será o resultado da trajetória sublinhada pelo tema do Colóquio sobre a arte no terceiro milênio: "Da arte à realidade e da realidade à arte". A arte terá sido compreendida no sentido amplo da palavra, significando tudo aquilo que seduz e amplia a visão imediata e restrita da realidade. Ela contribuirá assim para que o Centro fique ancorado no espírito do habitante. Associações de bairro, não só dos comerciantes, assumirão a renovação do Centro fazendo sugestões, elegerão vereadores que defendem projetos na Câmara Municipal.

24. B. Brun & C. Quémar, " Hypothèse sur le classement des premiers cahiers Swann ", *Bulletin d'informações proustiennes*, 13, p.19.

O Centro retomará o vigor, se colocará novamente como "a interseção indivisível das direções e dos mundos adjacentes e a reunião matizada de todos esses elementos"[25] e poderá se definir como um objeto de arte, incorporando a realidade das duas cidades que coabitam no seio do perímetro urbano de São Paulo.

25. M. Serres, op. cit., p.140.

Nota Bibliográfica

1998. "A Psicanálise e a Crítica Genética (O Registro do Real na História, em Freud e Lacan)". Palestra proferida no curso *Literatura e Psicanálise*, Cleusa Rios P. Passos (org.). Departamento de Teoria Literária e Literatura Comparada da Faculdade de Ciências Humanas e Letras da Universidade de São Paulo, nov. 1998.

1999. "Da Forma aos Processos de Criação", em *Manuscrítica,* n.8, São Paulo, Annablume, pp.11-36. Conferência proferida no Segundo Congresso Internacional "Genèse", na Biblioteca Nacional da França-Site Tolbiac de Paris, em setembro de 1998, trad. de Guilherme Ignácio da Silva.

1999. "Repensar os Conceitos de Psicose e de Autismo", *Estilos da Clínica. Revista sobre a Infância com Problemas*, São Paulo, Instituto de Psicologia, 1999 (2000), vol. IV, n. 7, pp. 43-51. Texto construído a partir da argüição pronunciada na defesa de livre-docência de Maria-Cristina Machado Kupfer e das respostas da candidata. *Uma Educação para o Sujeito. Desdobramento da Conexão Psicanálise-Educação*, tese inédita defendida em junho de 1999 no Instituto de Psicologia-USP.

2000. "Da Forma aos Processos de criação II. Literatura e Morfodinâmica", *Fronteiras da Criação. VI Encontro Internacional de Pesquisadores do Manuscrito*, São Paulo, Annablume, 2000, pp. 83-96.

2000. "A Segunda Narrativa do Sonho", em Fani Hisgail (org.), *A Ciência dos Sonhos – Um Século de Interpretação Freudiana*, São Paulo, Unimarco, 2000, pp. 221-232.

2001. "Discurso e Marginalidade", em *Manuscrítica*, São Paulo, Annablume, 2001.9, pp.11-18. Texto da mesa-redonda Intergts (Mulher e Literatura, Sociologia da Literatura, Análise do Discurso e Crítica Genética). Niterói-UFF, Anpoll, 5/6/2000. Trad. de Cristiane Grando.

2001. "Urbanismo e Inconsciente em São Paulo", *D. O. Leitura (Publicação Cultura da Imprensa Oficial do Estado)*, ano 19, n. 12, dezembro de 2001, pp. 38-50. Conferência pronunciada no "Colloque International sur l'art au troisième millénaire: De l'art comme réalité à la réalité des arts". Organizado pelo Groupe d' Etudes et de Recherche des Médias Spontanés (Germs) no Istituto Universitario di Archittetura di Venezia, em março de 2001.

2001. "Crítica Genética e História Literária", *Manuscrítica*, São Paulo, Annablume, 2001. 10, pp. 165-186. Conferência pronunciada no V Encontro Nacional de Acervos Literários Brasileiros (Enab) em Porto Alegre.

2002. "Representações: o Eu e o Outro. Freud e Proust na *Belle Epoque*". Conferência proferida no Centro Cultural Banco do Brasil no Seminário: *Belle Époque e a Modernidade: Paris – Rio, 1900.*

2002. "Como se Constitui a Escritura Literária?", em Roberto Zular (org.), *Criação em Processo. Ensaios de Crítica Genética*, São Paulo, Iluminuras, pp. 67-85.

2002. "Relato e/ou Construção: a Escritura de Caso". (O Caso Clínico, Sua Narrativa), *Jornal de Psicanálise,* São Paulo, Instituto de psicanálise - SBSP, vol. 35, 2002, ns.64-65, pp. 73-82.

2002. "Paradigma de uma Crítica". Argüição na tese de doutoramento de Maria Luiza Machado Jatobá. *Distância Íntima: Rastros do Inconsciente na Obra de Ely Bueno,* São Paulo, defendida no Departamento de Filosofia da FFLCH-USP. Publicado no *D. O. Leitura (Publicação Cultura da Imprensa Oficial do Estado).* 21 junho de 2003, pp. 52-58.

2002. "Onde está a Incerteza no Episódio da Madeleine de Marcel Proust?" Mesa-redonda "A Poética da Incerteza".VII Encontro da APML. Niterói, 17 de outubro de 2002. *Manuscrítica.* São Paulo, Annablume, 2003. 11, pp. 223-234.

2002. "Aracne e o feminino". Argüição na tese de doutoramento de Regina Fabbrini. "Fiar e Destecer – as Marcas do Feminino nos Processos de Criação", na PUC-SP. *Psicanálise e Universidade*, São Paulo, Núcleo de Estudos e Pesquisa em Psicanálise-PUC-SP, 2003.19, pp. 103-100.

Bibliografia

ADORNO, Th. W. *La philosophie de la musique nouvelle (Philosophie der neuen Musik)*. Paris, Gallimard, 1962.

ANDRADE, Mário de. "Eu sou Trezentos... (1929). Remates de Males". In: *Poesias Completas*. Martins Editores, s/d.

_____. "Paulicéia Desvairada". In: *Poesias Completas*. (1921), São Paulo, Martins Editores, 1979.

ARANTES, Otília. *Urbanismo em Fim de Linha*. São Paulo, Edusp, 1998.

ASSOUN, Paul-Laurent. *Introduction à la métapsychologie freudienne*. Paris, PUF, 1993.

ATEM, Lou Muniz. "Possibilidades de Intervenção com o Autismo a partir da Circulação Pulsional: Passagem de Uma Recusa Ativa à Passividade que Permite a Pulsionalidade". *Estilos da Clínica*. São Paulo, 1997. 3.

BARRONE, Leda. *De Ler o Desejo ao Desejo de Ler (Uma Leitura do Olhar do Psicopedagogo)*. São Paulo, Vozes, 1993.

BARTHES, Roland. *Nouveaux essais de critique*. Paris, Seuil, 1972.

_____. *Crítica e Verdade*. São Paulo, Perspectiva, 1970.

BAUDELAIRE, Charles. *Flores do Mal*. Trad. Ivan Juqueira. Rio de Janeiro, Nova Fronteira, 1985.

BECKER, Colette. "A Crítica Genética". In: *II Encontro de Edição Crítica e Crítica Genética*. São Paulo, FFLCH-USP, 1990.

BELLEMIN-NOËL, Jean. *Psicanálise e Literatura*. São Paulo, Cultrix, 1983.

BENVENISTE, Emile. *Problèmes de linguistique générale II*. Paris, Gallimard, 1974.

BLANCHE, Jacques. *Propos de peintre. De David à Degas*. Paris, Emile-Paulo Frères, 1919.

BLANCHOT, Maurice. *Conjectures et réfutations*. Paris, Payot, s/d.

_____. *Le Livre à venir*. Paris, Gallimard, 1986.

BOIE, Bernhild. "L'écrivain et ses manuscrits". In: HAY, Louis (dir.). *Les manuscrits des écrivains*. Paris, CNRS, Hachette, 1993.

BOLLE, Willi. *Fisiognomia da Metrópole Moderna*. São Paulo, Edusp, 1994.

BOURDIEU, Pierre. *Les règles de l'art*. Paris, Seuil, 1992. Trad. brasileira, *As Regras da Arte*. São Paulo, Companhia da Letras, 1996.

BRUN, Bernard. "Quelques éléments de la démonstration proustienne dans les Brouillons de Swann". *Bulletin d'Information. Proustiennes 10*. Paris, Presses de l'Ecole Normale Supérieure, 1979.

_____. "Le Temps Retrouvé dans les avant-textes de Combray". *Bulletin d'Informations Proustiennes 12*. Paris, Presses de l'Ecole Normale Supérieure, 1981.

_____. "Le destin des notes de lecture et de critique dans 'Le Temps Retrouvé'". *Bulletin d'Informations Proustiennes 13*. Paris, Presses de l'Ecole Normale Supérieure, 1982.

_____. "Brouillons des aubépines". *Cahiers Marcel Proust 12*. Paris, Gallimard, 1984.

_____ & QUÉMAR, Claudine. "Hypothèse sur le classement des premiers cahiers Swann". *Bulletin d'informações proustiennes* 13, Paris, Ecole Normale Supérieure, 1980.

BRUNI, Ciro. "De l'art comme réalité à la réalité des arts". In: Proposta do Encontro do Colóquio Internacional sobre a arte no terceiro milênio. [Groupe d'Etudes et de Recherche des Médias Spontanés (GERMS)]. Istituto Universitario di Archittetura di Venezia. 15-17 mars 2001.

BUTOR, Michel. *Répertoire V*. Paris, Minuit, 1982.

CABRAL, Otávio. "Imigrantes Transformam Vila em 3ª maior Cidade do Mundo". *Folha de S. Paulo*. 23 de janeiro de 2000.

CANDIDO, Antonio. *Literatura e Sociedade*. São Paulo, Companhia Editora Nacional, 1965.

CANETTI, Elias. *Le Collier de mouches*. Paris, Albin Michel, 1995.

CERQUIGLINI, Bernard. *Eloge de la variante. (Histoire critique de la philologie)*. Paris, Seuil, 1989, (col. Des Travaux).

CHANGEUX, Jean-Pierre. *L'homme de vérité*. Paris, Odile Jacob, 2002.

CHARLES, Michel. *Introduction à l'étude des textes*. Paris, Seuil, 1995.

COMPAGNON, Antoine. *Littérature*. Larousse, déc. 1992. 88.

_____. *Carnets d'écrivains*. Paris, CNRS, 1990.

_____. *Le démon de la théorie*. Paris, Seuil, 1998.

COUDERT, Raymonde. *Proust au féminin*. Paris, Grasset, 1998.

DAMOURETTE, Jacques & PICHON, Edouard. *Des mots à la pensée. Essai de Grammaire de la Langue Française* (1911-1936). Paris, D'Artrey, 1936. T.V.

DEBRAY-GENETTE, Raymonde. "Hapax et paradigmes". *Genesis*. Paris, Jean-Michel Place, 1994. 6.

DELEUZE, Gilles. *Proust et les signes*. Paris, PUF, 1983.

DERRIDA, Jacques. *A Escritura e a Diferença,* São Paulo, Perspectiva, 3ª ed., 2002.

DESCHAMPS, Nicole. "Figurants anonymes de la fresque proustienne". *Marcel Proust 2: Nouvelles directions de la recherche proustienne*. Colóquio de Cerisy-la- Salle França 1997. Paris-Caen, Lettres Modernes, Minard, 2000.

DUCASSE, Isidore. *Oeuvres Complètes*. Paris, LGF, 1963.

FABBRINI, Regina. *"Fiar e Destecer" - As Marcas do Feminino nos Processos de Criação*. São Paulo, PUC-SP, 2002 (tese inédita).

FÉDIDA, Pierre. "Cahiers de la nuit". *Genèse 8*. Paris, Jean-Michel Place, 1995.

FELMAN, Shoshana. *La folie de la chose littéraire*. Paris, Seuil, 1978.

FERRER, Daniel. "La Toque de Clementis". *Genesis 6*. Paris, Jean-Michel Place, 1994.

FREUD, Sigmund. *Névrose, psychose et perversion*. Paris, PUF, 1973.

_____."Délire et rêves dans la 'Gradiva' de Jensen". In: *Un souvenir d'enfance de Léonard de Vinci*. Paris, Gallimard (1927), 1977.

_____. "Le Moïse de Michel-Ange". In: *Essais de psychanalyse appliquée*. Paris, Gallimard, 1933 (col. Idées).

_____. *L'interprétation des rêves*. Paris, PUF,1967.

FRIEDLER, Julien. *Psychanalyse et neurosciences*. Paris, PUF, 1995.

FRIEDRICH, Hugo. *Montaigne*. Paris, Gallimard, 1968.

GADAMER, Hans-Georg. *Vérité et méthode*. Paris, Seuil, 1976.

GENETTE, Gérard. *Mimologiques*. Paris, Seuil, 1976.

_____. *Figures IV*. Paris, Seuil, 1999.

GERHARDT, Isabel. "As Moléculas e a Origem da Vida". *Mais. Folha de S. Paulo*, 16 de julho de 2000.

GRANDO, Cristiane. *A Obcena Senhora Morte. Odes Mínimas dos Processos Criativos de Hilda Hilst*. São Paulo, FFLCH-USP, 2003 (tese inédita).

GREIMAS, Algirdas J. & FONTANILLE, Jacques. *Sémiotique des passions. (Des états de choses aux états d'âmes)*. Paris, Seuil, 1991.

GRÉSILLON, Almuth. *Eléments de critique génétique*. Paris, PUF, 1994.

_____. & LEBRAVE, Jean-Louis. *Langage*. Paris, Larousse, 1983. 69.

GRUBRICH-SIMITIS, Ilse. "Sigmund Freud: Les Manuscrits de *Moïse*". *Genesis*. Paris, J.M. Place, 1995. 8.

_____. *De Volta aos Textos de Freud*. Rio de Janeiro, Imago, 1995.

_____. *Freud: retour aux manuscrits. Faire parler des documents muets*. Paris, PUF, s./d.

GUERRA ANASTÁCIO, Silvia Maria. *O Jogo das Imagens no Universo da Criação de Elizabeth Bishop*. São Paulo, PUC-SP, 1998 (tese inédita).

HAWKING, Stephen. *Une Brève Histoire du temps*. Paris, Flammarion, 1988.

HAY, Louis. "La Critique génétique: Origines et Perspectives". In: *Essais de critique génétique*. Paris, Flammarion. 1979.

_____. "Les aveux de la main à la plume". *Entretien avec L. Hay. Le Monde*. 1/6/84.

_____. "La troisième dimension en littérature". In: *O Manuscrito Moderno e as Edições*. São Paulo, FFLCH-USP, 1986.

HENROT, Geneviève. "Poétique et réminiscence. Charpenter le temps". *Nouvelles directions de la recherche proustienne*. Cerisy. 8/7/97.

INAFUKU, Cristina K. & TEPERMAN, Daniela W. "Eva, Pandora e Curumim: a Curiosidade e a História". *Estilos da Clínica 1*. São Paulo, 1996.

ISER, Wolfgang. *L'acte de lecture.Théorie de l'effet esthétique*. Brulles, Mardaga, 1985.

JARRETY, Michel. *La critique littéraire au XXe siècle*. Paris, PUF, 1998. (Que sais-je? n. 3363).

JATOBÁ, Maria Luiza Machado. *Distância Íntima: Rastros do Inconsciente na Obra de Ely Bueno*. São Paulo, Departamenteo de Filosofia da FFLCH-USP, 2002 (tese inédita).

JERUSALINSKY, Alfredo. "*Para Uma Clínica das Psicoses*". *Estilos da Clínica* 1. São Paulo, 1996.

JORGE, Verônica Galindez. *Como as Mil Peças de Um Jogo de Escritura: Alucinação nos Manuscritos de Flaubert*. São Paulo, FFLCH-USP, 2003 (tese inédita).

JURANVILLE, Alain, *Lacan et la philosophie*. Paris, PUF, 1984.

KLAUTAU DE ARAUJO Fº, José Mariano. *PARA TER ONDE IR – A Transformação da Imagem e o Movimento da Palavra na Poesia de Max Martins*. São Paulo, PUCSP. 2000 (dissertação inédita).

KRISTEVA, Julia. *Introdução à Semanálise*, São Paulo, Perspectiva, 2ª ed., 2005.

_____. *Histoires d'amour*. Paris, Gallimard, 1985.

_____. *Le Temps sensible*. Paris, Gallimard, 1994.

KUPFER, Maria-Cristina Machado. *Uma Educação para o Sujeito (Desdobramento da Conexão Psicanálise-Educação)*. São Paulo, Instituto de Psicologia-USP, 1999. p. 107 (tese de livre-docência inédita).

LACAN, Jacques. "Premiers écrits sur la paranoïa". In: *De la psychose paranoïaque dans ses rapports avec la personnalité*. Paris, Seuil, 1975.

_____. *Écrits*. Paris, Seuil, 1966.

_____. *L'identification(Séminaire1961-62)*. Paris, Association Freudienne Internationale, 2000.

_____. *Le Séminaire. Livre XXI. Les non-dupes errent*. (inédito).

_____. "Litturaterre", In: *Littérature*, Paris, Larousse, 1971. 3.

_____. "La troisième". *Lettres de l'Ecole*. Novembre 1975.

_____. *Le Séminaire. Livre XXII. RSI*. (inédito).1974-1975.

_____. *O Seminário. Livro 1. Os Escritos Técnicos de Freud*. Trad. Betty Milan. Rio de Janeiro, Zahar, 1994.

_____. *O Seminário. Livro 2. O Eu na Teoria de Freud e na Técnica da Psicanálise*. Trad. Marie Christine Laznik Penof. Rio de Janeiro, Zahar, 1985.

_____. *O Seminário. Livro 3. As Psicoses*. Trad. Aluisio Menezes. Rio de Janeiro, Zahar, 1992.

_____. *O Seminário. Livro 4. A Relação de Objeto*. Trad. Dulce Duque Estrada. Rio de Janeiro, Zahar, 1995.

_____. *O Seminário. Livro 5. As Formações do Inconsciente*. Trad. Vera Ribeiro. Rio de Janeiro, Zahar, 1999.

_____. *O Seminário. Livro 7. A Ética da Psicanálise*. Trad. Antônio Quinet. Rio de Janeiro, Zahar, 1988.

_____. *O Seminário. Livro 8. A Transferência*. Trad. Dulce Duque Estrada. Rio de Janeiro, Zahar, 1992.

_____. *O Seminário. Livro 11. Os Quatro Conceitos Fundamentais da Psicanálise*. Trad. M-D Magno. Rio de Janeiro, Zahar, 1979.

_____. *O Seminário. Livro 17. O Avesso da Psicanálise*. Trad. Ari Roitman, Rio de Janeiro, Zahar, 1994.

_____. *O Seminário. Livro 20. Ainda*. Trad. M-D Magno. Rio de Janeiro, Zahar, 1996.

LAPLANCHE, Jean & PONTALIS, J-B. *Vocabulaire de la Psychanalyse*. Paris, PUF. 1973.

LE CALVEZ, Éric. "Visite guidée. Genèse du château de Fontainebleau dans '*L'Education Sentimentale*'". *Genesis* 5. Paris, Jean-Michel Place, 1994.

LE POULICHET, Sylvie. *L'oeuvre du temps en psychanalyse*. Paris, Payot et Rivages, 1994.

LEBRAVE, Jean-Louis. "La critique génétique: une discipline nouvelle ou un avatar moderne de la philologie?" *Genesis 1*. Paris, Jean-Michel Place, 1992.

LE CLAIRE, Serge. *On tue un enfant*. Paris, Seuil, 1975.

_____. *Démasquer le réel*. Paris, Seuil, 1971.

LEMOINE-LUCCIONI, Eugénie. *L'Histoire à l'envers. Pour une politique de la psychanalyse*. Paris, Defrenne, 1993.

Les Mille et Une Nuits. Contes arabes. Trad. d'Antoine Galland. Paris, Flammarion, 1965.

LEMOINE-LUCCIONI, Eugénie. *Entrer dans le temps*. Payot, Lausanne, 2001.

LHERMITTE, François. Cerveau et pensée. *Fonctions de l'esprit. 13 savants redécouvrent Paul Valéry*. Textes recueillis par Judith Robinson-Valéry. Paris, Hermann, 1983.

LIMA E SILVA, Marcia Ivana de. *Cadernos do Centro de Pesquisas Literárias da PUCRS*. Porto Alegre, vol. 2, n. 2, julho de 1996.

LOPEZ, Telê Ancona. "A Biblioteca de Mário de Andrade: Seara e Celeiro da Criação". In: *Criação em Processo. Ensaios de Crítica Genética*. Roberto Zular(org.). São Paulo, Iluminuras, 2002.

MALLARMÉ, Stéphane. *Oeuvres complètes*. Paris, Gallimard, 1945.

_____. *Propos sur la poésie*. Mônaco, éd.du Rocher, 1946.

_____. *Um Lance de Dados Nunca Abolirá o Acaso*. Trad. de Haroldo de Campos. São Paulo, Perspectiva, Edusp, 1974.

MANDELBROT, Benoît. *Les objets fractals*. Paris, Flammarion, 1989.

MAURER, Karl. "Les philologues". In: HAY, Louis(dir.). *Les manuscrits des écrivains*. Paris, CNRS Ed., Hachette, 1993.

MEHOUDAR, Rosie. *Dos Textos de Juventude a Igitur: a Geração do Descontínuo em Mallarmé*. São Paulo, FFLCH-USP, 2004. (tese inédita).

MILLER, Jacques-Alain. "Théorie de lalangue". *Ornicar*. Paris, Le Graphe, 1975.1.

_____. *Comentario del Seminario Inexistente*. Buenos-Aires, Manancial, 1992.

_____. "Les paradigmes de la jouissance. La Cause freudienne". *Revue de psychanalyse*. Paris, E.U.R.L. Huysmans, 1999.

MILLOT, Catherine. *Freud, Anti-Pedagogo*. Rio de Janeiro, Zahar. 1979.

MILNER, Jean-Claude. *L'Amour de la langue*. Paris, Seuil, 1978.

MONOD, Jacques. *Le Hasard et la nécessité. (Essai sur la philosophie naturelle de la biologie)*. Paris, Seuil, 1970.

MOREIRA, Maria Eunice. "Os Historiadores do Romantismo no Banco de Textos do Projeto Fontes da Literatura Brasileira". *Cadernos do Centro de Pesquisas Literárias da PUCRS*. Porto Alegre, vol. 2, n. 2, julho de 1996.

MUTRAN, Munira. *Álbum de Retratos*. São Paulo, Humanitas, 2002.

NEEDELL, Jeffrey. *Belle Epoque Tropical*. Trad. Celso Nogueira. São Paulo, Companhia das Letras, (1987)1993.

OURY, Jean. *Création et schitzophrénie*. Paris, Galilée, 1989.

PASSOS, Cleusa Rios Pinheiro. *Confluências: Crítica Literária e Psicanálise*. São Paulo, Nova Alexandria, 1995.

_____. *O Outro Modo de Mirar*. São Paulo, Martins Fontes, 1986.

_____. *Guimarães Rosa. Do Feminino e Suas Histórias*. São Paulo, Hucitec, 2000.

PEIGNOT, Jerôme & DACHY, Marc. *Ecritures* (Graphies Notations Typographies). Paris, Fondation Nationale des Arts Graphiques et Plastiques, 1980.

PETITOT-COCORDA, Jean. *Les catastrophes de la parole*. Paris, Maloine, 1985.

PETITOT, Jean. "Structuralisme et phénoménologie: la théorie des catastrophes et la part maudite de la raison". In: *Logos et Théorie des catastrophes. (A partir de l'oeuvre de René Thom)*. Genebra, Patiño, 1988.

_____. "Synta topologique et grammaire cognitive". In: *Langage*. Paris, Larousse, 1991.103. p. 101.

_____. *Physique du sens*. Paris, CNRS, 1992.

PFÜNTZENREUTER, Edson do Prado. *Material Digital: Considerações Sobre o Uso de Meios Digitais*. PUC-SP. 1997 (tese inédita).

_____. *O Desejo Material*. PUC-SP, 1994 (dissertação inédita).

PIAZZA, Marco. "Proust et la multiplicité des moi". In: *Bulletin d'Informations Proustiennes*. Paris, Presses de l'Ecole Normale Supérieure, 1997, p.28.

PICCINI, Andrea. *Cortiços na Cidade. Conceito e Preconceito na Reestruturação do Centro Urbano de São Paulo*. São Paulo, Annablume, 1999.

PINHEIRO, Amálio. "Signo, Paisagem, Cultura". In: *Fronteiras da Criação. VI Encontro de Pesquisadores do Manuscrito*. São Paulo, Annablume, 1999.

_____. *Aquém da Identidade e da Oposição*. Piracicaba, Unimep, 1994.

PINO, Claudia Amigo. "O Conceito de 'Criação', segundo o Laboratório do Manuscrito Literário". In: *Fronteiras da Criação*. São Paulo, Annablume, 2000.

_____. "A Ficção da Escrita. São Paulo, Ateliê, 2004.

POPPER, Karl. *La logique de la découverte scientifique*. Paris, Payot, (1934) 1973.

PRIGOGINE, Ilya & STENGER, Isabelle. *La nouvelle alliance*. Paris, Gallimard, 1986.

_____. *Entre le temps et l'éternité*. Paris, Fayard, 1988.

PRIGOGINE, Ilya. *Un siècle d'espoir.Temps et devenir* (Cerisy-1983). Genève. Patiño, 1988.

_____. *Les lois du Chaos*. Paris, Flammarion, 1994.

PROUST, Marcel. *Contre Sainte Beuve*. Paris, Gallimard (La Pléiade), 1971.

_____. *Jean Santeuil*. Paris, Gallimard, 1952, t. II.

_____. "Matinée chez la Princesse de Guermantes". *Cahiers du Temps Retrouvé*. Edição crítica estabelecida por Henri Bonnet com a colaboração de Bernard Brun. Paris, Gallimard, 1982.

_____. *A la recherche du temps perdu*. TADIÉ, J-Y (dir.). Paris, Gallimard, Pléiade, 1987-89.

_____. *La fugitive* (Cahiers *d'Albertine disparue*). Nathalie Mauriac Dyer (org., apres. e notas), *A la Recherche du temps perdu*. Paris, Librairie générale française, 1993 (Livro clássico de bolso).

_____. *No Caminho de Swann. Em Busca do Tempo Perdido*. Trad. Mário Quintana. São Paulo, Globo, s/d. vol. I.

_____. *O Caminho de Guermantes*. Trad. Fernando Py. Rio de Janeiro, Ediouro, 1993.

_____. *A Sombra das Moças em Flor. Em Busca do Tempo Perdido*. Trad. Fernando Py. Rio de Janeiro, 1994, vol. II.

_____. *Sodoma e Gomorra. Em Busca do Tempo Perdido*. Trad. Fernando Py. Rio de Janeiro, 1994, vol.VI.

_____. *A Prisioneira. Em Busca do Tempo Perdido*. Trad. Fernando Py. Rio de Janeiro, Ediouro, 1994, vol.v.

_____. *O Tempo Redescoberto*. Trad. Lúcia Miguel Pereira. São Paulo, Globo, 12º edição, s/d.

_____. *Correspondance*. T. ix (1910). Ed. Philip Kolb.

QUARANTA, Jean-Marc. "'Comment dire?' Expression de l'altérité et Mémoire Volontaire du Carnet 1 à 'Proust 45'. Marcel Proust 2". *Nouvelles Directions de la Recherche Proustienne*. Paris, Minard, 2000.

_____. *Les expériences privilégiées dans A la recherche du temps perdu et ses avant textes: éléments de la genèse d'une esthétique*. Universidade de Marne-la-Vallée, 2001 (tese inédita).

QUÉMAR, Claudine. "Rêverie(s) onomastique(s) proustiennes". In: *Littérature*. Larousse, 1977, 28.

RANCIÈRE, Jacques. *L'inconscient esthétique*. Paris, Galilée, 2000.

RICOEUR, Paul. *Temps et récit III.Le temps raconté*. Paris, Seuil, 1985.

RIFFATERRE, Michael. "Avant-texte et Littérarité". *Genesis 9*. Paris, Jean-Michel Place, 1996.

ROBINSON, Judith. "La Finale du Narcisse" *Ecriture et génétique textuelle. Valéry à l'oeuvre*. Textos reunidos por Jean Levaillant. Lille, PUL, 1982.

ROBINSON-VALÉRY, Judith. "Les cris refoulés de la Jeune Parque: le rôle de l'autocensure dans l'écriture. Baudelaire, Mallarmé, Valéry". In: *New Essays in Honor of Lloyd Austin*. Cambridge, University, Press, 1982.

ROUDINESCO, Elizabeth & PLON, Michel. *Dictionnaire de la psychanalyse*. Paris, Fayard, 1997.

ROUDINESCO, Elizabeth. *Jacques Lacan*. Paris, Fayard, 1993.

_____. *Histoire de la Psychanalyse en France*. Paris, Seuil, 1986. T.I e II.

SACKS, Oliver. *Um Antropólogo em Marte*. São Paulo, Companhia das Letras, 1995.

SAINTE-BEUVE, Charles. "Baudelaire". (3 séries, 1870.) *Causeries du Lundi*.

SALLES, Cecília A. *Crítica Genética: Uma Introdução*. São Paulo, Educ, 1992.

_____. *Gesto Inacabado – Processo de Criação Artístico*. São Paulo, Annablume, 1998.

SCHEDEL, Hartmann. *Liber Chronicuum. Nuremberg*: Anthonius Koberger, Julii 1493 com gravuras de Wolgmut e discípulos.

SCHNEIDER, Michel. *Ladrão de Palavras*. Trad. Luiz F. Franco. Campinas, Edunicamp, 1990.

SERRES, Michel. *L'origine de la géométrie*. Paris, Flammarion, 1993.

SIBONY, Daniel. "*Le peuple 'psy'*". Paris, Balland, 1992.

SILVA, Guilherme Ignácio da. *Arte do Fragmento – Processos de Criação em Um Cahier de "A la Recherche du Temps Perdu de Marcel Proust"*. São Paulo, FFLCH-USP, 2000.

_____. *Marcel Proust Escreve Em Busca do Tempo Perdido ou da Arte de Erguer Catedrais de Sorvete*. São Paulo, FFLCH-USP, 2003 (tese inédita).

STENGERS, Isabelle. "A propos de l'histoire humaine de la nature. Prigogine (1917)". In: *Un siècle d'espoir. Temps et devenir* (Cerisy-1983). Genève, Patiño, 1988.

_____. "Sciences et pouvoirs". In: *La démocratie face à la technoscience*. La Découverte, 1997.

STENGERS, Isabelle & SLANGER, Judith. *Les concepts scientifiques*. Paris, ed. de la Découverte, 1988.

THOM, René. *Esquisse d'une sémiophysique. (Physique aristotélicienne et Théorie des catastrophes).* Paris, Interéditions, 1991.
_____. *Paraboles et Catastrophes.* Paris, Flammarion, 1983.
_____. "Alte au hasard, silence au bruit". *Le Débat.* Juillet-août 1980, n.3, p.124.
TUSTIN, Frances. *Autisme et protection.* Paris, Seuil, 1993.
VALÉRY, Paul. *Oeuvres complètes.* Paris,Gallimard, 1960.
VOLTAIRE. *Lettres philosophiques.* Tomo 2, edição crítica com introdução e comentário de LANSON, Gustave. Paris, Libraire Garnier Frères, 1924.
WILLEMART, Philippe. *Escritura e Linhas Fantasmáticas.* São Paulo, Ática, 1983.
_____. *Universo da Criação Literária.* São Paulo, Edusp, 1993.
_____. "De qual Inconsciente Falamos no Manuscrito". *Manuscrítica 5.* São Paulo, Annablume, 1995.
_____. *Além da Psicanálise: a Literatura e as Artes.* São Paulo, Nova Alexandria, 1995.
_____. "Psicanálise e Pedagogia: Transmissão e Formação". *Revista USP.* São Paulo, n.31, 1996.
_____. "Instabilidade e Estabilidade dos Processos de Criação no Manuscrito". *Manuscrítica 6.* São Paulo, Annablume, 1996.
_____. "O Operador na Escritura". *Memória Cultural.* TELLES, Albertina da G. C. & ALVES, C. I. (org.). Salvador, UFBA, 2000.
_____. "La relation transférentielle, mémoire du discours analytique". *Au-delà de la psychanalyse: la littérature et les arts.* Paris, L'Harmattan, 1998.
_____. *Bastidores da Criação Literária.* São Paulo, Iluminuras, 1999.
_____. *Proust, poète et psychanalyste.* Paris, L'Harmattan, 1999.
_____. *Educação Sentimental em Proust.* São Paulo, Ateliê Editorial, 2002.
WITTE, Bernd. "La naissance de l'histoire littéraire dans l'esprit de la révolution. (Le discours esthétique chez Schlegel, Hegel, Gervinus et Rosenkranz)". In: ESPAGNE, Michel & WERNER, Michael (dir). *Philologique I.* Paris, Ed.de la Maison des Sciences de l'Homme, 1990.
ZULAR, Roberto *No Limite do País Fértil. Os Escritos de Paul Valéry entre 1894 e 1896.* FFLCH-USP (tese inédita).
______, Roberto. (org.) *Criação em Processo. Ensaios de Crítica Genética.* São Paulo, Iluminuras, 2002.

ARTIGOS E PERIÓDICO

Anais

"I Encontro Internacional de Pesquisadores do Manuscrito". *O Manuscrito Moderno e as Edições.* São Paulo, FFLCH-USP, 1986.
"II Encontro Internacional de Pesquisadores do Manuscrito". *Edições Críticas e Crítica Genética: Eclosão do Manuscrito.* São Paulo, FFLCH-USP, 1990.
"III Encontro Internacional de Pesquisadores do Manuscrito". *Ecdótica e Crítica Genética.* João Pessoa, Idéia, 1993.
"IV Encontro Internacional de Pesquisadores do Manuscrito". *Gênese e Memória.* São Paulo, Annablume, 1995.
"V Encontro Internacional de Pesquisadores do Manuscrito". *Memória Cultural e Edições.* Salvador, s/ed, 2000.

"VI Encontro de Pesquisadores do Manuscrito. Fronteiras da Criação". São Paulo, Annablume, (1999) 2000.
"VII Encontro Internacional de Pesquisadores do Manuscrito". "Poética da criação". In: *Manuscrítica 11*. Niterói. São Paulo, Annablume, 2003.

Revistas

Genèses du roman contémporain. Incipit et entrée en écriture. (Textos reunidos por Bernhild Boie e Daniel Ferrer). Paris, CNRS, 1993.
Genesis. n. 1, 1992, n.3, 1993. n.5, 1994. n.7, 1995. n.9, 1996. n.11, 1997. n.13, 1999. n.15, 2000. n.18, 2002. n.21, *2003. n.23, 2004*. Paris, Jean Michel Place.
Genesis. n.2, (La poésie). Paris, Jean Michel Place, 1992.
Genesis. n.4, (Ecritures musicales aujoud'hui). Paris, Jean Michel Place, 1993.
Genesis. n.6 (Enjeux critiques). Paris, Jean Michel Place, 1994.
Genesis. n.8 (Psychanalyse). Paris, Jean Michel Place, 1995.
Genesis. n.10 (Sémiotique). Paris, Jean Michel Place, 1996.
Genesis. n.12 (Francis Ponge). Paris, Jean Michel Place, 1998.
Genesis. n.14 (Architecture). Paris, Jean Michel Place, 2000.
Genesis. n.17 (Julien Gracq). Paris, Jean Michel Place, 2001.
Genesis. n.19 (Roland Barthes). Paris, Jean-Michel Place, 01/2003.
Genesis. n. 20 (Ecritures scientifiques). Paris, Jean Michel Place, 03/2003.
Genesis. n. 22 (Philosophies). Paris, Jean Michel Place, 04/2003.
L'écriture et ses doubles. Paris, CNRS, 1991.
Littérature. Paris, Larousse, 1995. 100.
Littérature. Désir et détours. Paris, Larousse, 1993.89.
Littérature. L'inconscient dans l'avant-texte. Paris, Larousse, 1983. 52.
Littérature. Littérature et psychanalyse: Nouvelles perspectives, Paris, Larousse, 1993. 90.
Littérature. Science et littérature. Paris, Larousse, 1991.82.
Manuscrítica. São Paulo, APML, 1990 a 1994.1 a 4.
Manuscrítica. São Paulo, Annablume-APML, 1995 a 2004. 5 a 13.
Texte. Texte et Psychanalyse. Toronto, Trintexte, 1990.10.

CRÍTICA NA ESTUDOS

Mimesis
Erich Auerbach (E002)
Morfologia do Macunaíma
Haroldo de Campos (E019)
Fernando Pessoa ou o Poetodrama
José Augusto Seabra (E024)
Uma Poética para Antonio Machado
Ricardo Gullón (E049)
Poética em Ação
Roman Jakobson (E092)
Acoplagem no Espaço
Oswaldino Marques (E110)
Sérgio Milliet, Crítico de Arte
Lisbeth Rebollo Gonçalves (E132)
Em Espelho Crítico
Robert Alter (E139)
A Política e o Romance
Irving Howe (E143)
Crítica Genética e Psicanálise
Philippe Willemart (E214)

Impressão: EDITORA E GRÁFICA VIDA & CONSCIÊNCIA